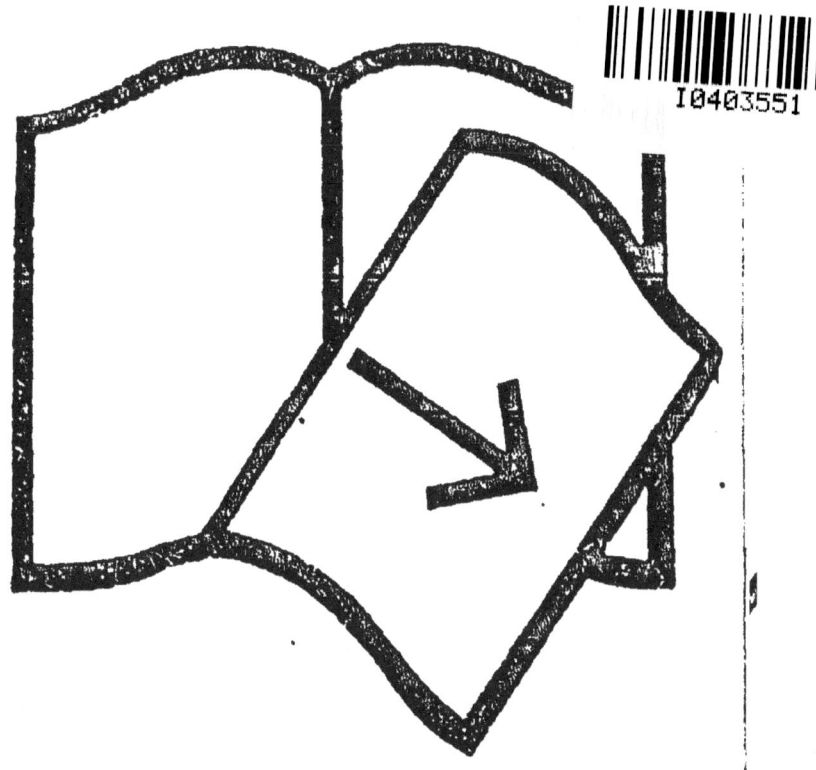

Couvertures supérieure et inférieure manquantes

Artistes
et
Amis des Arts

OUVRAGES DU MÊME AUTEUR

A LA LIBRAIRIE HACHETTE :

En marge du Temps. Un vol. in-16, br. . . . . 3 fr. 50
La Galerie des Bustes. Un vol. in-16, br. . . . . 3 fr. 50
Dames d'Autrefois. Un vol. in-16, br. . . . . 3 fr. 50

A LA LIBRAIRIE RUEFF :

Au milieu des Hommes. Un vol. in-16, br. . . . . . . 3 fr. 50

A LA LIBRAIRIE OLLENDORFF :

Miarmonde (conte moral). Avec une préface d'Alexandre
Dumas . . . . 2 fr. »
(Ouvrage couronné par l'Académie française).

HENRY ROUJON
DE L'ACADÉMIE FRANÇAISE

Artistes
et
Amis des Arts

LE COMTE HENRI DELABORDE
LE MARQUIS DE CHENNEVIÈRES — LARROUMET
BOUGUEREAU — GÉRÔME — PAUL DUBOIS
EUGÈNE GUILLAUME — VERDI — HÉBERT — REYER
LUDOVIC HALÉVY

PARIS
LIBRAIRIE HACHETTE ET Cie
79, BOULEVARD SAINT-GERMAIN, 79
1912

ARTISTES

ET

AMIS DES ARTS

LE COMTE HENRI DELABORDE [1]

L'HOMME vénéré et aimé de tous à qui nous adressons l'adieu suprême mérita la reconnaissance publique à bien des titres. Le comte Henri Delaborde avait débuté par être peintre. Comme artiste, il ne servit que le grand art; il se réclamait d'un haut idéal et ne se plaisait qu'aux nobles sujets. Lorsqu'il laissa le pinceau pour la plume, il traita les questions d'esthétique avec autant d'enthousiasme que de clairvoyance ; il analysa les génies qu'il aimait, expliqua ses admirations, rectifia les engouements de la mode, vengea les gloires méconnues, n'obéissant jamais qu'à l'esprit de justice et de vérité. Conservateur du Cabinet des estampes, vivant familièrement avec Marc-Antoine, Dürer et Rembrandt, il se fit l'historien de la gravure et son champion passionné. Enfin, pendant un quart de siècle, il fut

1. Obsèques du comte Henri Delaborde, le 20 mai 1899.

l'âme de l'illustre compagnie que sa mort plonge dans le deuil.

On saura, mieux que je ne pourrais le faire, vous parler et de l'inoubliable secrétaire de l'Académie des beaux-arts, et du savant artiste, et de l'écrivain éclairé. Le représentant de l'État a aussi une autre mission : il vient, au nom d'un ministre qui déplore l'impossibilité où il se trouve de remplir lui-même ce pieux devoir, rendre hommage à l'un des plus parfaits serviteurs du bien public qui aient jamais vécu.

S'il est vrai, Messieurs, comme l'a dit un penseur d'une grâce profonde, que « la vertu est un genre merveilleux de littérature », considérons la vie qui vient de s'éteindre comme un rare chef-d'œuvre. Le comte Delaborde a été sans reproche. Quatre-vingt-huit ans, presque un siècle, au service du devoir : voilà toute sa biographie en quelques mots. Nous devrions nous arrêter là. Le laconisme dans la louange ne déplairait point à celui qui aima la vérité sans phrases. Souffrez toutefois que j'essaye de dire pourquoi cette mort, aussi sereine que la carrière qu'elle a terminée, nous laisse sinon sans mélancolie, du moins sans amertume, et pourquoi les larmes que nous devons verser gardent une infinie douceur.

C'est que le sage, celui qui sut se rendre digne du bon départ, de l'*euthanasie* qu'exaltait la morale antique, celui qui a triomphé du mal, triomphe aussi de la mort même. S'en aller comme le comte Delaboerd, s'endormir paisiblement au soir de la longue et dure journée, ne livrer au néant que la dépouille d'une âme, ne disparaître que pour mieux demeurer, — ah ! Messieurs, ce n'est pas là mourir ! N'est-il pas plus vivant que jamais parmi vous, celui dont la sagacité souriante éclairait vos entretiens et que vous suiviez partout comme un guide ? L'implacable loi de la nature l'arrache des bras d'une compagne stoïque et d'un fils tendrement aimé. Ses proches, ses intimes, éveillés, hélas ! de la chère illusion que leur donnait cette robuste vieillesse semblable à la durée d'un chêne, sont livrés tout entiers encore à l'horreur des derniers moments. On ne console pas une épouse, on ne console pas un fils. Mais au désordre douloureux de l'agonie succède la majesté calme d'un délicieux souvenir, et déjà les sanglots vont se perdre dans un murmure unanime de gratitude, de respect et d'admiration.

Comment fit le comte Delaborde pour rester le plus digne et le plus indépendant des hommes en servant l'État comme l'État souhaiterait toujours d'être servi ? Son secret fut dans sa conscience. Il ne connut qu'un maître, maître sévère et exigeant, et ce maître ce fut lui-même. Aussi incapable de solliciter une charge que de s'y dérober, il n'eut de rapports avec le gouvernement de son pays que pour l'aider infatigablement à servir l'intérêt de tous. On lui confia un jour la garde de nos trésors artistiques ; il y fonda une tradition de conscience et d'érudition. La réunion des musées nationaux vint à s'organiser ; notre glorieux Louvre put vivre enfin de sa vie propre, assisté de la haute tutelle d'un conseil libéral et éclairé. Il fallait une tête à ce corps nouveau : le comte Delaborde fut désigné d'acclamation. Depuis quatre années, il présidait aux plus délicates délibérations avec l'autorité d'un arbitre et l'affabilité d'un maître de maison, aussi bienveillant que résolu, jamais impatient, jamais lassé, exact comme un grand seigneur, le premier arrivé, le dernier parti. Le ministre des beaux-arts n'eût pas constitué un comité sans s'adresser à son dévouement. Dans notre zèle à lui faire honneur et aussi, avouons-le, dans notre besoin égoïste de nous éclairer de ses conseils, nous sommes allés parfois jusqu'à l'indiscrétion. On eût dit qu'il nous défiait d'abuser de lui. Nos dossiers sont pleins de ses rapports, véritables monuments de raison, tracés de cette minutieuse et nette écriture qui trahissait la probité de son caractère et la rectitude de son esprit. Nous relirons bien souvent ces simples pages ; nous y trouverons toujours un avis précieux, une sauvegarde contre les résolutions précipitées, la haine du bas favoritisme, en un mot la méthode du vrai et la doctrine du bien. Pour tous ceux à qui incomba successivement la lourde charge d'administrer les intérêts artistiques du pays, le comte Delaborde fut un éducateur. Partout où il passait, il faisait école sans jamais dicter de leçons. Laissez, Messieurs, celui qui vous parle revendiquer comme un titre d'honneur le droit de se dire son dernier élève.

Et dans cet homme d'une sagesse si haute, que de grâce et de bonhomie ! Ce fut le type accompli du

Français de France, aimable, loyal et discret. Il
portait avec une modestie superbe un nom anobli
dans l'épopée, et il paraissait se douter à peine qu'il
l'embellissait d'un lustre nouveau. L'habitude du
devoir ne lui donnait aucune raideur ; il était sans
morgue comme sans banalité. Il avait la religion de
la courtoisie : sa politesse datait d'autrefois ; son
incapacité de parler contre sa pensée n'avait d'égale
que son exquise indulgence pour la sincérité des
autres. Il ne capitulait jamais, en ayant l'air de con-
céder toujours. Nous imaginons volontiers ainsi les
magistrats des anciens parlements qui faisaient à la
monarchie d'affectueuses remontrances, ces diplo-
mates du passé qui portaient légèrement de lourds
secrets, quelques-uns des messieurs de Port-Royal,
— de ceux-là du moins qui savaient sourire, — tous
les aïeux respectés en qui s'incarnèrent l'élégance et
la dignité de la patrie.

Messieurs, un maître, que le comte Delaborde chérissait particulièrement, nous a donné de lui une médaille qui assure l'immortalité de son image. Il faut
encore que cette douce et austère figure de vieux
consulaire revive dans le bronze ou dans le marbre.
Il y a là de quoi tenter les plus grands de nos grands
statuaires. Donnons, Messieurs, donnons au génie
inspiré le soin de sculpter la vertu parfaite. C'est
plutôt au bronze, il me semble, qu'il siérait de confier
la garde de ce pur souvenir. L'airain défie le temps
et l'oubli ; il est impérissable.

Il ne l'est pas plus que l'Exemple.

LE MARQUIS DE CHENNEVIÈRES [1]

L A vie publique du marquis de Chennevières s'est
écoulée entièrement à Paris. Notre confrère y a
servi l'État, comme il savait servir, pendant plus de
trente ans, à travers des révolutions diverses, sous des
pouvoirs qui se réclamaient tous d'une origine populaire. Fonctionnaire inventif et vaillant, il eut des
initiatives audacieuses et son nom restera attaché à
des institutions de progrès. Mais sous tous les dehors
de l'existence parisienne et avec la loyauté la plus
irréprochable envers la démocratie, il garda le meilleur de lui-même pour la province et pour le passé. Il
réserva toujours, dans son être intime, son cœur à la
Normandie natale, son esprit au monde d'autrefois.
Le passé nous étreint puissamment. C'est folie de
vouloir rompre d'une main brutale les liens qui nous
rattachent à lui. Il met à s'imposer à notre souve-

1. Notice lue à l'Académie des beaux-arts dans la séance du
22 octobre 1904.

nance autant d'ingéniosité que d'obstination. Au
besoin, il se continue parmi nous en certains types, où
revivent les passions oubliées et les croyances désapprises. En M. de Chennevières, il lui plut de réincar-
ner quelques-unes de ses élégances et de ses vertus.

Un contemporain de Mariette attardé dans la
société moderne, et qui resta gentilhomme campa-
gnard au sein des honneurs, — tel fut l'homme, si
regretté de nous tous, dont je veux essayer de vous
rendre la physionomie.

Charles-Philippe de Chennevières-Pointel, né à
Falaise, le 23 juillet 1820, était de bonne noblesse.
Son père, ancien écuyer de main du comte d'Artois,
avait épuisé les rigueurs des lois contre les émigrés.
Rentré en France, après l'an X, il reconstitua tant
bien que mal un patrimoine que d'interminables
procès devaient diminuer singulièrement. Il se rema-
ria sur le tard avec dame Marie-Charlotte Fouchard ;
le jeune Philippe naquit de cette union. L'enfant,
bientôt orphelin de père et de mère, fut envoyé par
ses tuteurs au collège d'Argentan. On imagine aisément l'écolier qu'il dut être : curieux d'apprendre,
volontiers distrait et songeur, prompt aux enthousiasmes, un peu fantasque, quelquefois batailleur,
généreux toujours. Chaque été ramenait le collégien
chez sa sœur du premier mariage, au château de
Saint-Denis de Briouze. C'était un manoir de la Rénais-
sance, une farouche demeure de granit où le petit
gars, après avoir vagabondé dans les pacages, s'en-
dormait à la plainte des chouettes. Ce fut là que Phi-

lippe de Chennevières prit le besoin de l'indépendance et la familiarité des revenants. De ses souvenirs scolaires il aimait surtout à évoquer la période des vacances. Il y a dans certaines enfances provinciales un parfum de liberté rustique qui suffit à enivrer toute une existence. Les nostalgies de l'homme mûr se reportaient avec délices vers le lieu des premiers ébats aux prairies normandes. Sa piété attendrie remerciait le vieux domaine de lui avoir révélé la poésie du terroir.

Il avait dix ans, quand la nouvelle de la Révolution de 1830 parvint au collège d'Argentan. Le petit marquis mit la cocarde blanche à sa casquette d'écolier. Des doctrines sucées avec le lait, des traditions répétées chaque jour, les récits des aînés, des mélancolies d'orphelin, toutes les forces du milieu et de la race le confirmaient dans la religion des fleurs de lis. Il devait, jusqu'au dernier soupir, observer le credo de ses premiers ans. Il fut tel, sans faiblesse et sans morgue, en homme qui subit son siècle avec une résignation souriante, parce qu'il lui a, une fois pour toutes, soustrait l'essence de son âme. Il est assurément légitime aussi d'opter pour son époque, de s'efforcer de la comprendre, de la vouloir aimer et de lui pardonner ses travers pour avoir le droit de recevoir ses bienfaits. Mais s'il y a chimère à s'enfermer dans une foi proscrite, c'est du moins un noble égarement dont n'abuse point le commun des hommes.

Il était écrit que notre confrère serait antiquaire en toutes choses. C'est là une vocation qui n'a jamais

enrichi personne et qui, surtout en politique, exige
plus que du désintéressement.

M. de Chennevières eut toujours la superbe manie
de la fidélité. Ses amitiés de l'adolescence durèrent
autant que sa vie. Il ne se donnait qu'à bon escient,
mais, le don une fois fait, il lui était infiniment douloureux de se reprendre. Il aimait passionnément à
aimer. A Argentan, il s'était lié avec Gustave Levavas-
seur et Alphonse du Bosc ; au lycée Saint-Louis,
avec Gounod qui lui fit plus tard les honneurs de la
Villa Médicis. Mais l'ami préféré, le confident des
projets d'avenir, le compagnon de rêves et d'aventures, ce fut cet aimable Ernest Lafontan qui devait
si tôt mourir. Ardents, chimériques, chevaleresques,
les deux jeunes gens partageaient en frères leurs
dédains et leurs admirations. Ils lisaient les mêmes
livres et se grisaient des mêmes chefs-d'œuvre.

A vingt ans, Philippe de Chennevières, bien né, bien
élevé, bien instruit, à l'abri du besoin sinon riche,
voyait la grande route ouverte devant lui ; toutes les
ambitions lui étaient permises. Il leur préféra la vie
spirituelle.

Il dût rêver d'abord de s'illustrer dans les lettres
pures. Le génie de Chateaubriand brillait devant lui
comme un phare conducteur. Pour son admiration
juvénile, c'était un chevalier de l'esprit humain, et
presque un père de l'Église, que le grand gentilhomme
breton qui avait révélé la beauté exotique aux pri-
sonniers des villes et chanté la vérité chrétienne sur
des rythmes nouveaux. Chateaubriand avait créé la

poésie des voyages; Chennevières et Lafontan voulurent débuter par des pèlerinages aux lieux saints de l'art universel. Ils visitèrent ensemble une partie de la France et s'en furent à la première découverte de trésors qu'alors on ne soupçonnait pas. L'Italie les hantait comme une terre promise ; ils allèrent lui demander cette initiation sans laquelle il n'est pas de vraie politesse pour l'intelligence. Dans les *Souvenirs* qu'a laissés notre confrère, rien ne vaut l'analyse de ses sensations de Florence. M. de Chennevières fut-il un écrivain au sens professionnel du terme ? Sa vie active, dispersée, fiévreuse lui laissa peu le loisir de s'exprimer dans une forme achevée. Quand il était devant le papier, les idées le sollicitaient toutes à la fois et les mots se pressaient sous sa plume avec quelque tumulte. Il a le style abondant, touffu, parfois broussailleux, mais dru et plein de sève. Il dit ce qu'il pense au petit bonheur, et c'est la sincérité qui se charge de donner de la grâce à la page noircie. Quand l'émotion est forte, la langue a sa beauté un peu agreste et qui ne doit rien à l'artifice. Pour respirer dans sa plénitude ce parfum de sauvageon, il sied de lire ce voyage d'Italie, tel que notre confrère l'a narré au soir de sa vie, avec toute la verdeur de la vingtième année.

A toutes les joies que donna Florence à Philippe de Chennevières s'ajouta celle d'être admis familièrement dans l'atelier de Mlle de Fauveau. Cet honneur, la célèbre statuaire ne le prodiguait point. La postérité est si frivole et si sollicitée de toutes parts que la sculpture de cette dame risque de connaître l'oubli. En 1841, elle jouissait de tout son prestige. Imaginez le trouble de notre jeune pèlerin passionné rencontrant sur la terre sacrée de la Toscane cette gracieuse Française qui animait l'argile, après avoir suivi Madame dans son héroïque et folle chevauchée. Une amazone de Walter Scott qui sculptait le buste du Prétendant ! Une muse vivante qui avait été brigande en Vendée ! Les deux amis s'attachèrent d'autant plus à leur double religion qu'ils l'entendaient prêcher par cette noble bouche. Après s'être délicieusement entretenus avec Mlle de Fauveau du retour prochain du comte de Chambord et des fresques de Benozzo Gozzoli, ils la quittèrent plus quattrocentistes et plus chouans que jamais.

Après l'Italie, ils visitèrent les Flandres, prenant notes sur notes, courant d'admirations en admirations. Cependant les tuteurs du jeune voyageur le pressaient affectueusement de choisir un état. Il consentit à faire son droit ; pour un enfant de la Normandie, c'est presque un devoir.

La santé, déjà très menacée, d'Ernest Lafontan l'obligeait à demeurer dans le Midi. Afin de ne point se séparer d'un ami si cher, et sans doute aussi pour ensoleiller l'étude des codes, Philippe de Chennevières alla apprendre le Digeste chez le Roi René. Les trois années qu'il passa à Aix (1842-1845) décidèrent de son tempérament intellectuel et de la formation de sa méthode. De tous les séjours propices à la méditation, il n'en est pas de préférable à vieille cité du roi de Sicile. Aix, endormie au bord de ses fontaines, est par excellence un lieu de paix et de beauté, *generoso sanguine parlam*. Des destinées d'une parfaite sagesse se sont écoulées sous ses platanes, dans l'atmosphère subtile du passé. Là vécurent d'une existence exemplaire Nicolas-Claude Fabri de Peiresc et le bon marquis de Méjanes. Pour celui qui se sentait déjà d'humeur à continuer leurs traditions, il était bien difficile, en un tel milieu, de s'absorber dans la jurisprudence. Le Code eut un concurrent redoutable dans le *Livre d'heures* de René d'Anjou. Les manuscrits et les miniatures du fonds Méjanes, les trésors conservés au musée et dans les églises, toutes les richesses d'art éparses dans cette région bienheureuse, notre étudiant en droit voulut les connaître, les approfondir furetant partout, regardant tout avec des yeux éblouis, promenant au hasard d'une curiosité infatigable son enquête enthousiaste et recueillie. Il devint là historien et collectionneur. Le goût l'envahit, puis la passion de sonder les civilisations locales, de découvrir sous l'amas des documents les gloires abandonnées ou méconnues. Il apprit à remuer avec délices toutes les poussières de l'ingratitude et de l'oubli. Il se fit le redresseur des torts de l'histoire.

Parmi les morts dont il prenait si vaillamment la défense, plus d'un lui doit son retour à la vie. Méritaient-ils tous cet honneur ? Une critique implacable ne peut-elle relever quelques exagérations dans ce jeune zèle ? On n'imite pas les générosités du chevalier de la Manche sans hériter aussi de sa promptitude à l'illusion ; il arrive à tous les paladins de confondre les moulins et les géants. Notre confrère fut plus tard disposé à sourire avec bonhomie de quelques-uns de ses premiers enthousiasmes. Il s'égayait sans remords de ce Fensonius qu'il avait cru ramener une fois pour toutes au grand jour de la renommée. Cet honnête artiste, à la fois flamand et provençal, lui devait pour le moins une heure de triomphe. Après la Révolution de 48, Charles Blanc ayant à défendre, comme commissaire du gouvernement, le budget des beaux-arts, voulait convaincre les représentants de la nation des bienfaits de l'histoire de l'art. M. de Chennevières venait de publier le premier volume de ses *Recherches sur la vie et les ouvrages de quelques peintres provinciaux de l'ancienne France*. Charles Blanc était habile et disert et, comme le divin Ulysse, fertile en stratagèmes heureux. Il savait parler aux assemblées et trouver à la tribune l'argument de circonstance. Il brandit le volume de M. de Chennevières et cita Fensonius comme une des plus illustres victimes de l'injustice humaine. Ce nom, sonore et ignoré, fit merveille. Pendant une après-midi, on ne parla que de Fensonius dans les couloirs de la Constituante ; il eut les honneurs de la séance. Cette inoffensif fantôme rentra ensuite dans le néant, mais il avait connu l'apothéose, au moins sous sa forme parlementaire.

L'auteur des *Peintres provinciaux* fut le champion de causes meilleures, dont il gagna le procès pour

toujours. Certains noms qui se trouvent aujourd'hui
sur toutes les lèvres furent prononcés par lui pour la
première fois. Il donna le type de ces monographies
où excelle la critique d'aujourd'hui. Nos érudits se
plaisent à reconnaître en lui un inventeur et un
modèle.

En 1845, Philippe de Chennevières avait conquis
son diplôme d'avocat et ses licences de littérateur.
Il vint à Paris et fréquenta les compagnies d'écrivains. Sa place y était marquée. Théophile Gautier,
Baudelaire, Gérard de Nerval, Gavarni, les frères de
Goncourt l'accueillirent comme un des leurs. Pendant ses années d'apprentissage sous le ciel de Provence, il avait beaucoup écrit en vers et en prose.
Sur tous les sentiers de l'école buissonnière sa verve
s'était dispersée. Il avait publié des rondeaux inédits d'Alain Chartier découverts à la bibliothèque
d'Aix, beaucoup rimé sous le nom de François de la
Boussardière et signé du pseudonyme de Jean de
Falaise des *Contes normands* pleins de belle humeur.

S'il avait cultivé en lui le plus spontané de ses
dons, M. de Chennevières fût devenu un maître conteur, dans la meilleure tradition romane, descen-
dant en droite ligne des vieux diseurs de gabets. Le
volume, aujourd'hui rarissime, qui contient ses dernières fantaisies de trouvère, est orné d'une eau-forte
de Jules Buisson. Dans cette estampe affectueusement satirique, le député-dessinateur a représenté
son ami faisant la sieste sous le pommier natal.
Quatre petits amours de Clodion, espiègles et

joufflus, agacent le dormeur ; l'un d'eux tient une
pancarte avec cette légende : « La paresse a tué Jean
de Falaise ». Ce ne fut pas la paresse qui tua Jean,
mais le souci, plus ingrat et plus austère, d'explorer
les oubliettes de l'histoire et de restituer au génie
national des richesses égarées au cours du chemin.
Il est plusieurs fois question de M. de Chennevières
dans le *Journal* d'Edmond de Goncourt. Cet observateur suraigu, qui regarda ses contemporains sans
attendrissement, se fait non seulement équitable,
mais bienveillant et affectueux, toutes les fois que
ce nom aimé revient sous sa plume. Il s'étonne, avec
quelque regret, de voir un esprit si original dépenser
tant d'énergie et de savoir à réhabiliter des personnalités secondaires. « Mais, ajoute-t-il, il a toujours
quelque conte normand ou vendéen à l'horizon de
sa pensée. » Votre confrère aimait à dire des histoires
joyeuses ; il s'amusait parfois à les écrire pour le
plaisir de ses intimes et de ses proches. Mais elles ne
faisaient que les innocentes récréations de son
labeur.

A peine arrivé à Paris, il trouva un théâtre digne
de ses talents. Sa famille le sollicitait depuis longtemps d'entrer dans la carrière des consulats ; avec
une nonchalance voulue, il avait laissé passer l'occasion. Il disposait d'un appui auprès de M. de Monta-
livet, intendant de la liste civile, de qui relevaient
les musées. Le Louvre avait toujours été la maison
de son cœur et de son esprit ; ses dimanches de collégien extasié s'étaient passés, en compagnie du bon

Lafontan, dans les vastes salles peuplées de chefs-d'œuvre. Après avoir si pieusement erré à travers le temple, il osait espérer à peine qu'on l'admettrait à y sacrifier. Il est à remarquer que M. de Chennevières, écrivain d'une simplicité un peu fruste, dont la franchise répugne aux grands mots, prend un langage presque apostolique toutes les fois qu'il parle du Louvre. C'est « le lieu sacré, la sainte demeure » dont on ne franchit le seuil qu'en tremblant. Cette dévotion dura autant que sa vie. Un arrêté du 1er mai 1846 lui permit de pénétrer dans cet éden, sous la blanche robe du surnuméraire.

L'échelle des grandeurs administratives se gravissait alors avec lenteur. Ce n'était pas une faveur vulgaire que d'obtenir l'emploi le plus humble dans notre musée national. Le directeur d'alors, M. de Caumont, n'avait pas été consulté sur la candidature de M. de Chennevières ; il accueillit cet auxiliaire inattendu sans aménité et rafraîchit son enthousiasme par cette douche toute bureaucratique : « Vous n'êtes pas ici pour faire de l'art, mais de l'administration. » On relégua l'intrus dans un entresol obscur, au fond de la Cour des Sphinx. L'intrus était de ceux qui, pour prouver qu'ils sont supérieurs à leur emploi, commencent par le remplir. Il se mit, avec une ardeur héroïque, à extraire des fiches du Père Anselme. Son compagnon de geôle et de catalogue était Eudore Soulié, dont il devint aussitôt l'ami. Leurs deux natures se complétaient à souhait. Tout en copiant consciencieusement des fiches, ils rêvaient de réformes et conspiraient contre la routine. « Nous faisions à nous deux, dit joliment M. de Chennevières, la société secrète des amis des arts dans le Louvre. » En 1847, quand il se vit commis de huitième classe, c'est-à-dire au comble de ses vœux, désormais certain de faire carrière, il se permit les longs espoirs et les vastes pensées.

La Révolution de 1848 fit naître en lui de généreuses espérances. Il déclare, avec sa loyauté coutumière, qu'il se rallia d'un cœur sincère à la république de Lamartine. Au milieu du grand remue-ménage d'idées qui se fit alors, il chercha l'occasion de faire entrer dans le domaine des réalités quelques-unes des réformes qu'il avait à cœur. Un de ses projets favoris était le transfert de l'administration des beaux-arts du ministère de l'intérieur à celui de l'instruction publique. Les pétitions étaient à la mode ; le jeune commis en adressa une aux « Citoyens représentants ». Quand on relit ce travail, après tant d'années, on en admire la sagesse et la clairvoyance ; on est charmé d'y trouver tant d'avenir. Qu'on en juge par ce passage : « Le ministère de l'instruction publique, quand il aurait reconquis l'administration des beaux-arts, partagerait sa sollicitude entre les artistes et les savants. Les arts, qu'il s'habituerait vite à estimer comme son influence la plus brillante et la plus profitable, sauraient exiger de lui la large moitié de son intérêt et de ses travaux... La vue fréquente d'objets d'art d'un goût pur et élevé agira plus vivement pour l'éducation et la moralisation

2

du peuple que cinquante traités de morale et de
science. C'est par les yeux que l'homme se prend
toujours, et la jouissance des beaux tableaux l'amè-
nera à la digestion des bons livres et des saines pensées. » — Cette idée, si logique et si simple, M. de
Chennevières ne devait la voir triompher qu'près
une autre Révolution, au 4 septembre 1870. Certains
hommes ont le privilège de jeter aux sillons le grain
que d'autres viendront récolter. Ce fut plus d'une
fois le lot de M. de Chennevières. Il en prenait son
parti avec une philosophie robuste et, sans amour-
propre de semeur, se réjouissait de voir la moisson.

Battu sur ce premier point, M. de Chennevières
ne se découragea pas. Il entreprit de plaider auprès
du nouveau régime la cause de ses « pauvres et chers
musées de province ». Les archives du Louvre regor-
geaient, sur les collections provinciales, de rensei-
gnements que nul n'avait extraits de leurs dossiers.
« Je me pris, raconte-t-il, à feuilleter tous ces documents avec mon entrain de ce temps-là, sans être
distrait dans ma besogne par d'autres visites que
celles des souris qui me couraient entre les jambes,
et que je nourrissais des miettes de mon goûter. »
Reprenant une idée de la Convention, s'inspirant
d'un vieux travail d'Heurtaut Lamerville au conseil
des Cinq Cents, M. de Chennevières rédigea pour les
pouvoirs publics un probant rapport qui concluait
à la création de tout un service de centralisation et
de contrôle. On ne prit l'idée que par ses vices. Tout
le labeur de M. de Chennevières n'aboutit qu'à l'in-

vestiture de quatre nouveaux fonctionnaires, — des-
quels il ne fut pas.

L'arrivée de M. de Nieuwerkerke au Louvre permit
à M. de Chennevières de fixer son activité, jusqu'alors
un peu diffuse, et de faire la preuve de son mérite.
De manières affables et d'esprit ouvert, le surintendant savait l'art de manier les hommes et d'utiliser
leurs aptitudes. Il trouvait au musée le plus brillant
et le plus dévoué des états-majors. C'étaient : Villot,
au département de la peinture ; Reiset, aux dessins ;
Emmanuel de Rougé, aux antiquités égyptiennes ; le
comte Léon de Laborde, à la sculpture moderne ;
Adrien de Longpérier, aux antiques. Derrière ces
chefs éminents, toute une équipe d'ardents travailleurs : un Eudore Soulié, un Barbet de Jouy, un Clé-
ment de Ris, un Darcel, un Tauzia, un Chennevières
enfin. Ce dernier cherchait encore sa voie. Après
avoir été confiné, par malveillance, dans l'obscure
besogne de distribuer des cartes aux copistes, il avait
été distingué par Villot et Reiset, et associé à leurs
recherches. Mais sa situation demeurait encore indé-
cise ; l'influence lui était refusée. M. de Nieuwerkerke le mit hors de page, en lui confiant le service
des Expositions annuelles.

On ne sait plus guère aujourd'hui dans quelles
conditions le Salon s'organisait alors. Les artistes
étaient admis à recevoir dans les salles du Louvre
l'hospitalité du souverain. Chaque année, six mois
avant la date de l'inauguration officielle, le Salon
Carré et la Grande Galerie étaient fermés rigoureu-

sement. Devant les tableaux des vieux maîtres, les charpentiers dressaient une muraille de planches, où s'accrochaient les œuvres contemporaines. Ce système impratique et dangereux, dont le moindre vice était de priver le public pendant quatre mois de la jouissance des chefs-d'œuvre du passé, durait depuis plus d'un siècle. On imagine aisément de quelle légitime clameur d'indignation serait salué le retour à un pareil état de choses. Il fallut qu'une Révolution, en renversant une dynastie, rendît les Tuileries disponibles, pour que les artistes pussent avoir un toit. En même temps, ils étaient appelés pour la première fois à élire leur jury d'admission, à contrôler le placement de leurs ouvrages, à distribuer leurs récompenses. M. de Chennevières, si informé des anciens usages et si épris de sages changements, homme de tradition et de liberté, était bien le fonctionnaire qu'il fallait choisir entre tous pour représenter l'État auprès des artistes dans ces relations d'un nouveau genre.

Le Salon de 1849 trouva donc asile aux Tuileries. En 1850, 1851, 1852, on l'installa au Palais-Royal, dans des baraquements improvisés par l'architecte Chabrol. Mais, à partir de 1852, il fallut céder le Palais au roi Jérôme et à sa famille. Il fut décidé que le Salon de 1853 aurait lieu au faubourg Poissonnière, dans l'ancien local des Menus-Plaisirs. M. de Chennevières, dont le zèle s'accommodait de toutes ces agitations, vint camper, avec ses services, dans les maisonnettes délabrées où avaient vécu Gossec

et Méhul. C'était en plein Paris commerçant, à deux
pas des élégances du boulevard, un coin de solitude
et de verdure. Entre des murs lézardés, couverts de
lierre et de clématites, s'ébattaient des lapins et des
poules. Cette retraite paradoxale et un peu sauvage
était pour plaire à M. de Chennevières. Dans cet îlot
d'arbres et de souvenirs, il était heureux et s'épanouissait. Chaque soir, après la tâche accomplie, en compagnie de son collaborateur Buon, il courait sur le
gazon maigre et jouait à la balle comme un écolier.
Cet aimable exil ne dura que huit mois environ.
L'administration domaniale n'a point l'âme poétique;
elle décida d'aliéner ces terrains où s'élève à présent
l'église Saint-Eugène. Le service des Expositions dut
plier bagages et émigrer encore une fois. Une exposition universelle et internationale venait d'être dé-
cidée pour l'année 1855. Point de Salon en 1854.
M. de Chennevières demanda au surintendant la
permission de se réfugier à Versailles et d'abriter
son matériel dans les magasins inoccupés du palais.
Sa proposition fut acceptée, et on lui attribua pour
lui-même un logement dans l'aile gauche des ministres.

Pendant huit années, de 1853 à 1861, sauf aux
mois rigoureux de l'hiver et pendant la période des
Salons, il fut l'hôte du château de Versailles. Ce fut
l'époque la plus libre, la plus féconde et la plus heureuse de sa carrière.

Au Musée de Versailles, il retrouvait son cher ca-
marade du Louvre, Eudore Soulié, qui venait d'y

remplacer Salmon. C'était alors une manière d'abbaye, et comme une Thélème archéologique, que la vieille demeure de nos rois. Une véritable confrérie de savants et d'artistes avait élu ce noble lieu pour y vivre de la vie de la pensée. Soulié communiquait à tous son fanatisme pour les reliques dont il était le gardien ravi. Théophile Lavallée, Frédéric Baudry, Dussieux, Delécluze venaient écrire l'histoire de la vieille France dans le plus parfait de ses décors. L'architecte Questel, si digne de conserver la merveille de notre architecture, s'inspirait des leçons de Leveau et de Mansart, en méditant ces grands travaux qui devaient embellir Grenoble et assurer la célébrité de son nom.

Enfin il était donné au marquis de Chennevières de respirer son atmosphère naturelle. Il vivait de la vie du Grand Siècle ; tout lui parlait de l'époque ordonnée et magnifique où toutes les énergies de la France monarchique s'étaient fondues dans l'unité. Quel décor pour les rêves d'un royaliste, dont la foi politique était faite de poésie ! Quel cabinet de travail pour un évocateur du passé !

Après avoir terminé à Versailles ses *Recherches sur les peintres provinciaux*, M. de Chennevières collabora activement aux *Mémoires inédits sur les membres de l'Académie royale de peinture et de sculpture*. Mais il lui tardait de s'affirmer par une initiative personnelle. Un comité tout confraternel, sans solennité, sans investiture officielle, composé de ses confidents les plus intimes, Soulié, Dussieux, Paul

Mantz, Montaiglon, se groupait sous son impulsion, sinon sous sa présidence. L'heure était à l'interprétation intelligente des documents d'archives. Un exemple de méthode, le modèle de l'érudition qui féconde et vivifie, venait d'être fourni par les tra-. vaux de Léon de Laborde sur les *Ducs de Bourgogne*. M. de Chennevières s'est toujours plu à saluer un initiateur en ce vaste esprit qui fut mêlé à tous les problèmes de son temps, évolua comme un grand seigneur de l'intelligence parmi les idées et les hommes, pénétra le passé, comprit le présent, devina l'avenir, et nous légua son testament intellectuel dans un livre prophétique qui sert encore de bréviaire aux hommes de progrès. M. de Chennevières et ses collaborateurs s'engagèrent avec une confiance intrépide dans la voie qui leur était tracée. Ils créèrent les *Archives de l'art français*.

Publier les marchés conclus entre les artistes et leurs acquéreurs, divulguer les comptes, les testaments, les moindres actes, chercher sur tous les points du territoire les secrets épars dans nos archives, interroger le génie sur ses propres témoignages, tel était le programme de cette entreprise. Celui qui la conçut pouvait s'en enorgueillir à juste titre. « J'ai eu ma part dans ce mouvement, dit M. de Chennevières ; je ne la veux ni diminuer, ni grossir. Cette idée a été l'une des imaginations les moins médiocres de ma vie. » Mais aussitôt il s'empresse de faire aussi large que possible la part de ses auxiliaires. Il s'étend avec insistance sur les services

d'Anatole de Montaiglon, qu'il appelle plaisamment
« l'oncle du recueil ». Sa gratitude s'attarde à ce
souvenir. Avec une malice affectueuse il crayonne
l'originale silhouette de ce roi des chercheurs, qui fit
tant pour les autres et si peu pour lui-même, « véritable personnage d'Hoffmann », qui, avec les allures
d'un bon gnome, mena la vie d'un bénédictin. Le
portrait fut toujours un art français. M. de Chennevières était trop de notre race pour n'y point exceller.
Cette fois, il mit au service de son modèle toutes les
ressources de son esprit et toutes celles de son cœur.

Énumérer ceux qui collaborèrent aux *Archives*,
c'est donner le livre d'or de l'érudition. Après les
fondateurs, Montaiglon, Dussieux, Soulié, Paul
Mantz, nous nommerons Benjamin Fillon, le baron
Pichon, d'Arbois de Jubainville, Reiset, Villot, la
Sicotière, Renouvier, Champfleury, Duplessis, Victor
Cousin. Par malheur, les devoirs administratifs de
M. de Chennevières vinrent trop souvent le distraire
de sa tâche favorite. En 1856, il dut remettre la direction effective des *Archives* à Montaiglon. Celui-ci,
avec un dévouement infatigable, conduisit l'entreprise
jusqu'en 1860. La période de 1860 à 1870 fut féconde
en difficultés. La fondation de la *Société de l'histoire
de l'art français* ouvrit une ère nouvelle. Si nous
voulions savoir comment fut sauvée cette œuvre
patriotique, nous n'aurions qu'à interroger quelqu'un
qui siège parmi nous. Dans le cas où la modestie de
notre confrère tiendrait à se dérober, nous en appel-
lerions au témoignage de M. de Chennevières sur le

rôle de Guiffrey « le vaillant, le tenace », qu'il eût été si heureux de retrouver ici.

Tout en servant la science, M. de Chennevières ne négligeait pas l'administration. Depuis longtemps ses talents étaient reconnus. Il assurait, à la satisfaction générale, la conduite des Expositions annuelles. M. de Nieuwerkerke trouva logique de lui donner un nouveau titre à la confiance des artistes ; en 1861, il lui fit attribuer la conservation du Luxembourg.

Connu et apprécié de tous les maîtres contemporains, M. de Chennevières était mieux qualifié que personne pour choisir les œuvres les plus propres à préparer leur gloire. Il suffit de citer les principaux ouvrages qu'il fit entrer au Luxembourg pour apprécier la sûreté de son goût. L'État lui doit, — je ne parle que des morts, — de posséder la *Jeanne d'Arc* d'Ingres, la *Liberté* de Delacroix, le *Tepidarium* de Chassériau, le *Printemps* de Daubigny, la *Chasse aux faucons* de Fromentin, l'*Orphée* de Français, l'*Inondation* de Paul Huet, l'*Orphée* de Gustave Moreau, la *Peste* de Delaunay, le *Général Prim* d'Henri Regnault, l'*Espace* de Chintreuil, le *Cabinet d'armes* de Vollon, la *Mère des Gracques* de Cavelié, la *Jeanne d'Arc* de Chapu, l'*Enfance de Bacchus* de Perraud, le *Vainqueur aux combats de coqs* de Falguière. Il créa la section étrangère. Le premier il osa revendiquer dans les ministères des œuvres que la routine, l'égoïsme et la vanité dérobaient aux yeux du public. Dans les négociations de ce genre on risque d'acquérir de redoutables inimitiés. M. de Chenne-

vières allait à ces ambassades difficiles avec l'entrain
d'un garde-française qui monte à l'assaut. Sa diplomatie un peu sommaire triomphait à force de sincérité. On le redoutait, en l'estimant.

Vinrent la guerre et la Révolution du 4 septembre.
M. de Chennevières, resté légitimiste de sentiment,
n'avait eu qu'à se louer du régime impérial. L'Empe-
reur le traitait affectueusement. Une princesse de la
famille des Napoléons, dont la loyauté et le bonne
grâce désarmaient les haines, noble et généreuse
figure qui vient de disparaître entourée du respect
de tous, l'avait accueilli familièrement dans ce salon,
désormais fermé, où le talent se sentait chez lui. Il
donna un regret sincère aux vaincus.

La nouvelle du désastre de Sedan et de la chute de
l'Empire lui parvint à Brest, où M. de Nieuwerkerke
l'avait envoyé mettre en sûreté quelques-uns des
chefs-d'œuvre du Louvre. Il revint à Paris partager
les misères, les angoisses et les illusions du siège. Au
Luxembourg, métamorphosé en ambulance, son
principal souci fut de se prémunir contre les dangers
du bombardement. En mars, après avoir fait, comme
toujours, plus que son devoir, il alla retrouver en
Normandie sa femme et ses enfants.

Le gouvernement de la Défense nationale avait
rappelé Charles Blanc à la Direction des beaux-
arts, plus logiquement organisée et notablement
agrandie. Une incompatibilité d'humeur politique
se produisit entre l'ancien administrateur de 1848
et le régime du 24 mai. Quand M. de Fourtou eut à

faire choix d'un nouveau directeur, il entendit prononcer partout le nom du marquis de Chennevières. Il le fit venir et le pressa d'accepter. Pour un homme qui, depuis vingt-sept ans, était mêlé à tous les intérêts artistiques, c'était un devoir de ne pas se dérober à l'honneur de les prendre en mains. Les goûts secrets de M. de Chennevières l'auraient volontiers retenu à son cabinet d'études. Cependant il n'hésita pas. Le souci du bien public fut le plus fort. M. de Chennevières avait défini mieux que personne les responsabilités du directeur des beaux-arts : il se déclara prêt à les assumer. Il demanda seulement à demeurer, à tout événement, titulaire de sa conservation du Luxembourg. Quand on lui eut garanti un port de retour, il se lança à pleines voiles sur cette mer, féconde en orages, où il est si passionnant, si difficile et si flatteur de naviguer.

M. de Chennevières entrait là comme chez lui. En apprenant l'élévation de son vieil ami, Edmond de Goncourt accourut le féliciter. Il le trouva, à sa table de famille, paisible et semblable à lui-même. Le soir, il note avec émotion, dans son Journal, sa visite « au bon Chennevières, un bonnet de coton enfoncé jusqu'aux sourcils..., dans son intérieur resté provincial, normand, chardinesque. Les grandeurs n'ont rien changé au train de la maison ». Une heure après sa nomination, le directeur des beaux-arts était au travail.

Nul n'a mieux raconté cette période de fiévreux labeur que notre confrère M. Georges Lafenestre. Il

a de bonnes raisons pour en parler savamment, ayant
fait toute cette rude campagne aux premiers rangs
de l'état-major. Nous savons par lui ce qu'était le
chef. Ce que que fit le lieutenant, il lui plaît de le
taire, mais nous avons à cœur de le rappeler. Dès la
première entrevue, cordiale et brusque, M. de Chennevières conquit ses collaborateurs. Il procédait par le
système de la confiance préalable : c'est le moyen le
plus fier, et le plus habile aussi, de provoquer des
dévouements. De toutes parts on s'ingénia à satisfaire ce supérieur qui parlait le langage de la camaraderie. On se mit à l'œuvre aussitôt.

Quelqu'un a défini le bonheur « une idée de la
jeunesse réalisée dans l'âge mûr ». Au milieu de
difficultés incessantes, à travers les obstacles et les
embûches, M. de Chennevières connut au moins cette
joie d'accomplir, à cinquante ans, la plupart des projets qu'il avait conçus à l'âge des chimères et des illusions.

Il connaissait la France, pour l'avoir parcourue en
tous sens, le calepin à la main. Il savait quels trésors
d'art elle renferme encore, malgré les fureurs de la
barbarie et les excès de zèle de la civilisation. Il avait
visité les plus humbles bourgs. Partout il avait rencontré de ces braves gens qui adorent leur petite patrie
pour mieux servir la grande. Pendant des années, il
avait correspondu, ici avec le conservateur d'un cabinet ignoré, là avec un magistrat amoureux de sa ville,
là encore avec quelque abbé archéologue orgueilleux de
son église. Il savait de quoi sont capables ces tra-

vailleurs obscurs dont chacun apporte sa pierre à l'édifice de l'histoire. Il voulut grouper dans un effort d'ensemble ces bonnes volontés dispersées. Il convoqua dans un congrès annuel les Sociétés des départements et créa *l'Inventaire général des richesses d'art*. Aujourd'hui encore, ces deux institutions excellentes vivent de la vie robuste qu'il leur a donnée.

Il n'avait pas cessé de réclamer le retour des services d'architecture à leur centre naturel. La fusion de la direction des bâtiments civils dans celle des beaux-arts lui semblait nécessaire pour qu'un même pouvoir disposât de la grande commande. A toutes les époques fécondes, il en avait été ainsi ; entre les manifestations si variées du génie français l'harmonie ne s'était jamais faite que par l'unité dans l'impulsion première. Il ne put vaincre sur ce point les obstacles que lui opposèrent la force de l'habitude et la majesté des situations acquises. Trop galant homme pour chasser sur les terres de ses voisins, il voulut au moins donner un exemple de la vérité de sa théorie. Il fit décider que l'église Sainte-Geneviève recevrait une décoration « où la légende de la patronne de Paris se combinerait avec l'histoire religieuse de la France ». L'école contemporaine, représentée par ses maîtres les plus illustres, lui doit d'avoir témoigné, sur les murs du Panthéon, de sa diversité et de sa puissance. Ce que fut ce travail, c'est ici qu'on le sait le mieux. En songeant à ceux qui en furent les ouvriers, si je regarde autour de moi, je constate, hélas ! bien des vides. Mais j'ai la joie de saluer encore plus d'un

survivant glorieux. En d'autres monuments, M. de
Chennevières chercha et trouva encore l'occasion
de confier aux artistes des espaces à la mesure de
leurs rêves. Les souvenirs du Grand Siècle, la pensée
de Colbert et de Lebrun, la volonté homogène qui
créa les ateliers de Versailles et la manufacture des
meubles de la couronne s'unissaient dans son intelligence au sens profond de la liberté. Peut-être regret-
tait-il secrètement le temps où la même pensée con-
cevait les peintures des plafonds, les stucs des vous-
sures, les ferrures des portes, les statues des quin-
conces, les vases des parterres, et jusqu'aux ors
d'un carrosse « pour régaler le grand Mogol ». Mais il
savait concilier son idéal avec l'infinie diversité de son
époque. Il avait de la doctrine sans être un doctri-
naire et de la volonté sans domination.

Exhorter les maîtres aux grands défis de la peinture
et de la statuaire monumentales ne lui suffisait point.
Il vivait de cette vie large et lointaine qui doit être
celle du pouvoir. Ses vues ne se tournaient vers le
passé que pour lire ensuite plus clairement dans
l'avenir. Il aimait la jeunesse et croyait en elle. Il
goûtait ce qu'il y a de mystérieux et d'exquis dans
l'éclosion d'une âme d'artiste : il savait de quels
soins paternels il faut entourer cette fragile floraison. Pour assurer sa suprématie artistique et préparer ses lendemains de gloire, la France possède, depuis
Colbert, une institution qui fait partie de sa grandeur.
M. de Chennevières, trop patriote pour toucher à une
tradition consacrée par le génie, voulut donner néan-

moins à la démocratie ses élèves protégés. Il créa le *Prix du Salon* et les *Bourses de voyage*. Chaque année le conseil supérieur des beaux-arts se réunit solennellement pour faire ses choix, dans le libre esprit qui les doit dicter. La tâche est belle à accomplir. Dans la mêlée confuse des énergies, discerner une dizaine de jeunes gens, s'assurer que leur début est d'heureux présage, les chercher dans toutes les directions et dans tous les genres en ne leur demandant que d'être vaillants et sincères, puis les envoyer devant les modèles immortels prendre la mesure de leurs forces et contrôler leur vocation ; les faire entrer par l'enthousiasme dans la voie douloureuse et sacrée, — voilà l'œuvre qui couronne la fête du Salon annuel, et c'est à M. de Chennevières qu'il convient d'en reporter tout l'honneur.

Ayant donné ses plus belles années aux soucis des expositions, M. de Chennevières avait longuement réfléchi à ce que doivent être, dans la société moderne, les rapports de l'art et de l'État. Il s'était convaincu qu'il appartient aux artistes eux-mêmes, et à eux seuls, de choisir et d'exposer leurs œuvres ; à procéder autrement, ils abdiquent leur indépendance, tandis que le pouvoir use inutilement son autorité. L'histoire du Salon lui était familière. On n'était plus en 1667, alors que la puissante corporation académique, obéissant à l'impulsion de Colbert, demandait au Grand Roi l'autorisation de montrer au public les meilleurs ouvrages de ses membres. Depuis que l'*Académie royale de peinture et de scul-*

plure avait disparu dans la tourmente révolutionnaire, il manquait aux artistes français d'être unis
par un lien confraternel. Parmi eux, nulle cohésion,
nulle entente. Individualités éparses, confondues
dans la mêlée démocratique, ils ignoraient les bienfaits de l'association. Il était naturel à M. de Chennevières de vouloir adapter une ancienne coutume aux
besoins de la vie contemporaine. Depuis 1848, il songeait à grouper les artistes en une compagnie d'essence aristocratique, où l'élite dirigerait le nombre.
Sa théorie mettait chacun dans son rôle : d'un côté,
les artistes, fortement unis, défendant leurs intérêts
et faisant leurs preuves en toute liberté ; de l'autre,
l'État éclectique et libéral, n'ayant plus d'autre
devoir que d'encourager et consacrer le talent. Ce
programme, élaboré avec amour, il l'avait successivement proposé à tous les régimes. Déjà, lors de la
crise de 1863, il pressait le surintendant de le réaliser ; M. de Nieuwerkerke et le maréchal Vaillant se
soucièrent peu d'ajouter une difficulté nouvelle à
toutes celles de cette heure orageuse. L'idée, reprise
avec ténacité, fut soumise au libéralisme, volontiers
audacieux, de Maurice Richard. M. de Chennevières,
fort de quatre cents signatures obtenues dans les ateliers, avait établi les statuts de la corporation nouvelle et rédigé sa charte. On semblait toucher au but.
La guerre éclata. — En arrivant à la direction des
beaux-arts, M. de Chennevières y apportait sa
devise : *Libertas artibus restituta.* Il adjura M. de
Fourtou de s'y conformer, dans un de ces rapports

si vivants, si nets, qu'il aimait à rédiger lui-même, à la veillée. « Je pense, y disait-il, que l'administration n'a point à se fourvoyer dans ces querelles qui profitent aux ateliers, les animent et les échauffent, mais où elle a mauvaise grâce à vouloir imposer son influence qui passe facilement pour une tyrannie. » Ce rapport fut inséré au *Journal Officiel*, et ce fut tout. — L'honneur de donner la liberté aux artistes devait revenir à un homme d'État dont le souvenir vous est cher ; Jules Ferry avait le don d'oser. Quand fut réalisée sa réforme favorite, M. de Chennevières était loin du pouvoir. Il applaudit de tout cœur aux premiers actes de la *Société des artistes français*. « Elle est un peu ma fille », disait-il avec bonne humeur. A vrai dire, elle l'était tout à fait.

M. de Chennevières se consola de l'ajournement de cette réforme en se multipliant pour en accomplir d'autres. Les projets succédaient aux projets. On renonce à énumérer les questions que cet homme, de santé débile, retenu trop souvent au logis par quelque malaise, a soulevées en quatre années d'une influence parfois marchandée. Ses facultés étaient en ébullition. Au lendemain de l'Exposition de 1878, son activité connut la lassitude ; on n'agite pas impunément tant de problèmes à la fois. Ce lutteur si droit, qui livrait des parties redoutables en abattant son jeu, eut une heure de renoncement. M. de Chennevières, dans les tracas de la vie publique, c'était un peu Alceste à la cour. Il avait eu quelques démêlés avec Oronte, et s'était affligé, jusqu'à la souffrance, de choses dont Philinte se borne à sourire. « Il faut, disait-il à un de ses confidents, que je relise chaque matin *le Meunier, son Fils et l'Ane.* » Cette fable, où le poète national donne aux hommes en place une si fine leçon de conduite, il convient, lorsqu'on est aux affaires, non seulement de la lire, mais de la vivre à tous les instants. Il n'est pas criminel d'en éprouver quelque énervement. M. de Chennevières voyait en outre une politique nouvelle remplacer celle qui conservait ses discrètes mais ardentes préférences. Il redemanda sa liberté. Avant de la reprendre, il dressa un dernier inventaire, celui de ses services. Avec un orgueil de bon ton, sans rhétorique, mais sans affectation d'humilité, en la pleine conscience de son mérite, il résuma son œuvre. Dans le rapport qu'il adressa au ministre dont il se séparait courtoisement, nous lisons ces lignes, d'une fierté légitime : « Nous avons accompli notre tâche avec la conviction la plus ardente et le dévouement le plus absolu, avec la passion de la sincérité et de l'impartialité, de toutes les forces, en un mot, de mes collaborateurs et des miennes. Eux et moi, nous attendons, pour l'ensemble de notre œuvre et pour l'activité qu'elle a suscitée au dehors, quelque justice et quelque estime dans l'avenir. » On le voit, le chef n'oubliait pas ses soldats. Eux aussi se souviennent de lui. A peine avait-il quitté son cabinet directorial que l'avenir commençait pour son œuvre. Sa tradition prit force de loi. Au poste qu'il avait rempli avec tant d'éclat se sont succédé des hommes de tendances et de tempéraments divers : il n'en est pas un qui ait hésité à marcher dans les voies droites qu'il avait ouvertes de tous côtés.

Vous étiez là, Messieurs, non pour le consoler d'une chute, — il n'était pas tombé, — mais pour rendre hommage à ses efforts et consacrer son dévouement. Comme il venait de rentrer au Luxembourg, vous l'appeliez à remplacer le baron Taylor. A l'Académie des beaux-arts, il retrouvait des compagnons de lutte, des amis éprouvés, les témoins constants de sa vie. Ai-je besoin de vous rappeler avec quelle bonne grâce, quelle autorité et quelle compétence il tint sa place ici ?

Il quitta peu après le service de l'État. La retraite ne fut pas pour lui un repos. Comment eût-il fait pour se reposer ? Le haut fonctionnaire, en abdiquant, avait libéré Jean de Falaise. A vrai dire, le conteur s'était défendu de tout temps contre les entraves administratives. Le Normand, lui aussi, avait résisté. Jamais le lien ne s'était rompu entre la vieille souche et son rameau vivace. Dans son ermitage de Saint-Santin, un ancien bastion aménagé en gentilhommière sous le vocable d'un brave saint percheron, M. de Chennevières put enfin mener la libre existence qui était celle de ses goûts intimes. Il lui restait une dernière société savante à fonder : il créa l'Académie de Bellême. Désormais, il ne voulut plus vivre que pour la science et l'amitié. Il se donna licence de ne plus être qu'un propriétaire rural, un artiste, un lettré, un collectionneur, un père de famille.

Il était arrivé à cette heure de recueillement et de mélancolie où ceux qui ont puissamment vécu, aiment à regarder en arrière. Sa jeunesse lui remonta au cœur ; il passa la revue de ses souvenirs. Il en avait d'innombrables, d'austères et de charmants, de délicieux et d'amers, de glorieux aussi, ayant beaucoup agi et beaucoup vu. Il avait traité d'égal à égal avec les illustres de son temps, entendu Ingres et Delacroix parler « quasiment dans les mêmes termes » du génie de Michel-Ange, fait souvent le voyage de l'Europe et toujours celui de l'humanité. Il s'était assis familièrement à la table de ce dîner Magny où Goncourt prenait des notes, où Renan se reposait en rêvant tout haut, où tonnait Flaubert, où Gautier tirait son feu d'artifice aux yeux éblouis de George Sand, où Sainte-Beuve aimait à se taire. Le critique des *Lundis*, l'homme du siècle qui a le moins erré dans ses jugements, avait, du premier coup d'œil, discerné sous la réserve avisée de M. de Chennevières une personnalité d'élite. « C'est, écrivait-il, un esprit poétique et délicat, qui admire avec passion, qui écoute avec finesse. » Imagination créatrice, ferveur admirative, esprit de finesse, Sainte-Beuve notait bien les traits essentiels. Mais il fallait au portrait une dernière touche. Le peintre remarque encore chez son modèle « cette bonté fine comme l'or et pure comme lui ». La ressemblance est complète ainsi. M. de Chennevières possédait la bonté, non pas celle que l'on dupe, mais la vraie, celle qui choisit. « J'ai, dit-il quelque part, horreur de la haine. » Et il ajoute,

en homme dont l'indulgence s'aiguise d'une pointe de
fine misanthropie : « Je la trouve démesurée avec
l'importance de l'action de mes semblables. »

C'est cette philosophie clairvoyante et apaisée qui
fait le charme de ses *Mémoires*. Nous ne nions point
qu'il n'y dissèque parfois d'une main un peu rude
certaines réputations. Il voulait payer en une fois
toutes ses dettes, celles de ses rancunes et celles de
ses admirations. Mais, lorsqu'il doit se plaindre, il
se hâte, tandis qu'il s'attarde dans la louange. Il
nous parle avec attendrissement et des grands artistes dont la gloire fut mêlée à sa vie, et des savants
maîtres qui lui enseignèrent à goûter le beau. Il
excelle à ressusciter ceux qu'il a aimés. Il nous peint
complaisamment Eudore Soulié, son premier défenseur ; Reiset qui lui ouvrit les portefeuilles du
Louvre ; Louis Lacaze, qu'il connut dans sa gar-
çonnière, déjeunant d'un cervelas pour enrichir plus
sûrement sa galerie de coloristes ; His de la Salle,
qui lui communiqua l'amour des dessins. Aimer,
comprendre, découvrir, acquérir, conserver un dessin de maître, c'était pour His de la Salle le but de
l'existence. L'ancien garde du corps de Louis XVIII
s'était absorbé dans cette passion ; elle remplissait
sa vie. Ainsi qu'il sied à un apôtre, il faisait des prosé-
lytes. M. de Chennevières fut un de ses disciples les
plus fervents. Nous pourrions en nommer le plus
illustre, que chérit la ville de Bayonne.

C'est encore une tradition française que celle-là.
Elle eut son représentant le plus parfait avec ce Ma-

riette, en qui M. de Chennevières vénérait un aïeul.
Toutes les tendresses d'esprit de notre confrère, il les
réservait pour le monde évanoui où vécurent ces
grands amateurs qui eurent, dans le domaine du
goût, presque du génie. Au sortir du cabinet des estampes ou de la bibliothèque du Louvre, lorsqu'il
promenait sur les quais sa rêverie un peu lasse.
j'imagine qu'il y cherchait des yeux de chers fantômes.
D'aventure, il eût pris quelque passant de belle mine
pour M. de Julienne et l'eût abordé en lui demandant
des nouvelles de Watteau. Qu'il eût donc aimé à
faire au comte de Caylus les honneurs de la campagne percheronne ! Il se serait entendu à demi-mot
avec ce mousquetaire érudit qui, après avoir publié
sept volumes sur les antiquités égyptiennes, étrus-
ques, grecques et gauloises, se régalait d'un conte
gaillard. Caylus lui aurait lu son histoire de Mlle Fré-
tillon ; il eût répliqué par *les Aventures du petit roi
saint Louis devant Bellême*. Ils auraient terminé la
journée en commentant le catalogue de la vente
Crozat.

Après avoir conduit de grandes affaires et avancé
les choses de son temps, M. de Chennevières s'en est
allé le sourire aux lèvres, les yeux tournés vers la
France d'autrefois. Il avait été l'un des serviteurs les
plus utiles de celle d'aujourd'hui. Dans tous les partis
on porta son deuil.

Il vous avait plu, Messieurs, de m'admettre à
occuper ici sa place, et c'était déjà un honneur bien

lourd. Votre bienveillance a daigné me combler davantage. C'est sur un autre fauteuil que le sien qu'il
m'est donné de payer à sa mémoire mon faible
tribut d'admiration. Une de mes prérogatives
m'autorise à vous entretenir de ceux que vous
voulez toujours sentir présents et vivants parmi vous.
Il m'est doux de débuter dans l'accomplissement de
mon devoir en vous parlant de M. de Chennevières. A
mes débuts, il avait bien voulu m'accueillir avec
aménité et me fortifier de ses conseils. Plus tard, je
devais apprendre à connaître tout le prix de son
exemple. Il me semble aujourd'hui qu'il m'assiste
encore.

GUSTAVE LARROUMET [1]

L<small>E</small> duc d'Aumale, qui connaissait la France presque autant qu'il l'aimait, vous parlait un jour
d'une de nos anciennes provinces : « De l'épaisse forêt,
disait-il, qui donna son nom au Quercy, il ne reste
plus que des bouquets épars au milieu des vignes et
des cultures. Mais le caractère de la tribu qui, la
dernière de la Gaule, osa résister à César dans le refuge d'Uxellodunum, a résisté aux vieux chênes. De
longues luttes formèrent une forte race qui unit la
solidité de l'Auvergnat à la souplesse et à l'audace
du Gascon. »

Dans cette contrée entre Garonne, Lot et Dor-
dogne, d'âpres rocs couronnent des vallées fertiles
et les sources jaillissent en abondance. C'est la terre
natale de Bessières et de Murat, un pays dont on part
en sabots, où l'on revient duc ou prince souverain.

1. Notice lue à l'Académie des beaux-arts dans la séance du
samedi 5 novembre 1904.

Le Quercynois est pétulant et prompt à gesticuler ; mais dans la mêlée il garde la tête froide. Il a de l'héroïsme et de la prudence. Les qualités de cette race ambitieuse, application et facilité, audace et discernement, souplesse et bravoure, nous les trouvons, résumées en un séduisant exemplaire, chez notre confrère Gustave Larroumet.

Une enfance recueillie, une jeunesse ardente, une vie de travail et de volonté, une carrière menée comme un assaut à la fois méthodique et fougueux, le succès chèrement acquis et crânement porté, autant de bonheur que de mérite et, pour finir, une mort stoïcienne, — voilà l'histoire de cet homme aimable et vaillant.

Gustave Larroumet était né à Gourdon, le 24 septembre 1852. Ses parents habitaient Catus, un gracieux village où son père, ancien officier, vivait d'une petite place de receveur. Cette famille était pauvre et fière. La mère, résignée pour elle-même à une vie médiocre, rêva vite pour son fils un avenir meilleur. L'enfant était éveillé et impétueux ; à l'école il répondait aux questions difficiles. On couva cette jeune intelligence avec une tendresse infinie, mais sans mollesse ; le fils chéri n'était pas un enfant gâté. Dès que l'instituteur communal parut insuffisant, on envoya le petit Gustave à sa grand'mère, qui habitait la ville. Mⁿᵉ Perié, veuve d'un procureur du Roi, tenait à Gourdon le haut du pavé ; elle aimait le monde et avait reçu à sa table toutes les notabilités du grand Causse. Elle gardait au fond d'une armoire l'hermine et la croix d'honneur de son mari. Quand le bambin avait été sage, elle lui laissait entrevoir ces reliques, la croix surtout. « Il faut, disait-elle, que tu sois capable de la porter un jour. Tu deviendras savant et la science sera ta richesse. » En attendant des destinées si hautes, l'écolier ne pouvait prouver son bon vouloir qu'en étant premier en version latine ; il n'y manquait point. Une seule ombre au tableau : la plus fâcheuse tendance à l'école buissonnière. Ce devait être un vice bien profond puisqu'il lassa la patience d'un oncle, qui représentait l'autorité virile. L'oncle Sébastopol, comme on l'appelait en ville, avait fait la campagne de Crimée. Après s'être distingué devant Malakoff, il était venu réchauffer de glorieux rhumatismes au soleil du Quercy. Il avait vécu cette belle guerre chevaleresque qui laissa les belligérants sans amertume et devait leur permettre de s'aimer plus tard. Le soir, quand Gustave revenait du collège, si ses notes étaient satisfaisantes, le bonhomme Sébastopol lui pinçait l'oreille et lui disait des histoires de la tranchée. Ces premières empreintes sont ineffaçables ; à force d'entendre des récits de bivouac le gamin prit une petite âme d'enfant de troupe. L'oncle était un brusque éducateur. Pour corriger son neveu de l'école buissonnière il lui infligea l'internat comme il avait donné de la prison à ses zouaves. L'enfant prouva par ses succès l'excellence de cette méthode. Du collège de Gourdon, il

passa aux lycées de Cahors et d'Agen, toujours lau-
réat, quelquefois puni pour des mutineries, apprécié
des maîtres, admiré des camarades. Ceux-ci le choi-
sissaient volontiers pour interprète, à cause de son
intrépidité dans le danger et de sa finesse de négo-
ciateur. A l'exemple des vieux Cadurques, Gustave
Larroumet était né brave et éloquent. Il est devenu
banal de remarquer que la figure et l'âme gauloises
ont peu changé depuis l'époque où elles posaient
devant César. *Rem militarem et argute loqui*. Nous
aimons toujours, comme nos pères, les discours et
les combats. Chez notre confrère le don du bien dire
le cédait encore à l'instinct guerrier ; le goût des
lettres passait après l'amour du drapeau. Ce commentateur de Molière aimait surtout à parler de Napoléon. Son premier poète avait été l'oncle Sébastopol ;
la verve conteuse d'un troupier de France avait servi
de nourrice à son esprit.

A peine bachelier, il parla d'entrer à Saint-Cyr.
Les instances de sa famille l'engagèrent dans la pré-
paration du professorat. Alors il rêva de l'École normale ; mais ses parents, dont les ressources annuelles ne dépassaient pas trois mille francs, ne pouvaient s'imposer de longs sacrifices. En attendant les
grands diplômes, il dut aller à Blaye demander le
vivre et le couvert au directeur d'un petit pensionnat. « J'ai été pion, racontait-il. Je n'en suis ni fier,
ni honteux. » Il connut cette triste vie captive. Deux
sentiments, nobles entre tous, le soutinrent dans
l'épreuve : l'enthousiasme et l'ambition. Dans sa

pauvre chambre, Larroumet connut l'impatience, jamais le découragement. On ne peut lire sans émotion les lettres qu'il écrivait alors. Il m'a été accordé de jeter les yeux sur ces pages, humides de larmes récentes ; de pieuses mains, encore toutes tremblantes, ont ouvert pour moi le reliquaire où reposent ces feuillets jaunis. Il importe que la tradition persiste dans les familles françaises d'entretenir ces humbles dossiers. Ils attestent les vertus foncières de la race et seront un jour nos meilleurs répondants. C'est à eux qu'il faudra demander des témoignages véridiques sur ce qui fait notre âme traditionnelle ; ils nous défendront contre les romans qui divertissent l'univers en nous calomniant. Les lettres de Larroumet à ses parents forment le journal presque quotidien de ses apprentissages. Toutes les étapes de sa carrière, depuis le premier bon point de l'instituteur jusqu'aux palmes dont dispose votre suffrage, toute l'histoire de ses espérances et de ses succès, vous la trouveriez là, palpitante.

A Blaye, ce pénible début le laissait plein de confiance et d'ardeur : « Sans doute, écrit-il, le métier a ses épines : elles me piquent parfois. Mais je ne suis pas découragé. Rassurez-vous, comptez sur moi. J'ai du sang dans les veines. Je veux imiter mon grand-père. Il a porté la robe du magistrat ; je porterai celle du professeur qui en vaut bien une autre. Et alors, tonnerre ! qui sait si la croix d'honneur ?... Je m'entends. »

Il devait prouver bientôt qu'il avait du sang dans

les veines, et du sang bien français. Il était maître d'études à Blaye quand la guerre éclata. Depuis quelque temps, il traversait une crise intellectuelle ; en préparant le baccalauréat ès sciences, il avait entrevu les beautés de l'algèbre et de la biologie. Ses dons d'assimilation lui permettaient de passer avec aisance du vers latin à la chimie. Il projetait alors de devenir chirurgien dans l'armée. Mais, à la nouvelle de nos premiers revers, il ne songea plus qu'à aller faire le coup de feu. En octobre, il écrit : « Maintenant, très chers parents, quelques mots sérieux. Plus nous allons, plus l'état de la France devient mauvais, plus le devoir de tout Français est d'aller à son secours. Je me ronge les poings. Sans vos terreurs, j'aurais déjà le fusil sur l'épaule. Je rougis de me voir, grand garçon, bien portant, des plus valides, rester inactif et paresseux. » Ses parents hésitaient. Il leur adresse un nouvel appel, presque violent : « Mon sang bout. Je me reprocherais toute ma vie, comme un déshonneur, de m'être refus   à ma patrie ! » La tendresse d'une mère a le droit d'être faible ; mais il est de pieuses désobéissances. Larroumet n'eut pas la patience d'attendre le consentement qu'il implorait. Il prétexta un malaise et demanda un congé. Le chef d'institution ne vit pas le stratagème. Une fois désabusé, il prit peur et envoya aux parents du fugitif une lettre éplorée : « Il n'est pas revenu au pensionnat et l'on m'assure que certaines personnes l'ont reconnu sous l'uniforme de franc-tireur. » Larroumet avait vendu ses effets

et sa montre pour s'équiper. Pendant qu'on le cherchait dans les rues de Blaye, il était bien loin et
ralliait le drapeau.

Le volontaire de dix-huit ans fit bravement son
devoir. Il écrit de Vierzon à sa mère : « Enfin, j'ai
vu le feu ! J'ai pu tenir au bout de ma carabine les
ennemis de mon pays. » Quand il revint, brisé de
fatigue, épuisé, malade, mûri par la douleur patriotique, son enfance était finie. L'homme avait commencé en lui. Avons-nous besoin de dire que ses
parents lui pardonnèrent ? Un juste sentiment d'orgueil exaltait ce pardon.

Il lui fallut rendre son cher fusil, rouvrir ses livres,
reprendre le stage interrompu. On le nomma maître-
répétiteur au lycée de Montauban. Il était hésitant et
troublé. Recommencer les humanités ? il ne s'en
sentait plus le courage. A vivre du Tite-Live il avait
perdu le goût d'en traduire. Il parlait de nouveau
d'études scientifiques. Par bonheur, un professeur, tout récemment sorti de l'École normale,
enseignait la rhétorique à Montauban. C'était le
type accompli de l'humaniste, nourri depuis l'enfance des sucs exquis de l'antiquité. Chez M. Alfred
Croiset, l'aptitude au rôle d'éducateur était une
vertu héréditaire. Il distingua ce jeune répétiteur
dont il était à peine l'aîné. Il lui prodigua les conseils
et les leçons, le réconcilia avec les anciens, le rendit
aux lettres. Je ne sais rien de plus touchant que ce
patronage de frère aîné à frère cadet. L'histoire de
notre Université abonde en traits semblables. C'est

une école d'abnégation où l'on pratique sans tapage d'aimables vertus. Je sais quelqu'un qui ne se console du regret de n'avoir pu lui appartenir que par la fierté de l'avoir servie.

Pour préparer la licence, Gustave Larroumet s'en fut, toujours en qualité de répétiteur, suivre les cours de la Faculté d'Aix. Dans la vieille cité reine et comtale, si propice au recueillement, il s'abandonna à l'influence de ses maîtres. L'un d'eux surtout, Eugène Benoist, prit la direction de son esprit. C'était un docte latiniste, qui voyait partout Marius et les Cimbres; il arrivait de Lorraine et son patriotisme indigné parvenait à extraire d'une ode d'Horace des anathèmes contre les Germains. Larroumet s'amusait à crayonner, avec une espièglerie filiale, le portrait de ce bourru bienfaisant : « Il nous dit que nous sommes des ânes et finit par avouer qu'il est content de nous. » En moins d'une année de cette discipline, le diplôme de licencié était conquis. Le doyen félicita le candidat, dans une harangue digne du *Conciones*, et lui prédit le bonnet de docteur.

M. Benoist, nommé professeur à la Sorbonne, engagea le nouveau licencié à venir à Paris, comme répétiteur au lycée Charlemagne, pour y préparer l'agrégation. Gustave Larroumet avait pris, une fois pour toutes, cette habitude du succès qu'il devait conserver toujours. Il croyait à la chance, mais, pour la disposer en sa faveur, il agissait comme si elle n'existait point. Ses études ne l'empêchaient pas d'être bon compagnon. A la Sorbonne, nul n'écoutait plus consciencieusement les Benoist, les Egger, les Lenient et les Martha. Le cours fini, l'étudiant donnait congé à l'austérité. Il s'initiait gaiement à cette science de la vie qui ne s'apprend pas dans les livres. Paris est aussi un éducateur. Il est peut-être imprudent de se mettre à son école quand on n'a pas la tête solide et le cœur bien placé. Larroumet prit de ce maître dangereux ce qu'il en faut prendre quand on a vingt ans et un avenir à édifier. Lorsqu'il reçut le titre d'agrégé, il avait appris beaucoup de grammaire et aussi cet art d'évoluer au milieu des hommes, qui n'est pas la moins utile des agrégations.

Le rêve de sa famille, de le voir professeur en robe, était réalisé. Il eut la joie de retourner à Aix, en triomphateur. Il enseignait à son tour du haut de la chaire. Son métier l'amusait. Ce pédagogue de vingt-trois ans devint célèbre sur le cours. Quand il se promenait sous les platanes, les gens faisaient cercle autour de lui. On l'aimait pour sa verve et son entrain. Imaginez un sous-lieutenant, nourri de Virgile et qui goûterait Vauvenargues : tel était notre confrère à cette période de sa vie.

Aix l'enchantait par sa tristesse aristocratique et sa mélancolie ensoleillée. Chaque dimanche, une bonne canne à la main et le chapeau sur l'oreille, M. le professeur agrégé s'en allait vagabonder sur les routes en chantant des refrains du Quercy. Le journal hebdomadaire qu'il envoyait au pays natal ne renfermait plus rien d'amer. Je ne puis résister au plaisir de citer une lettre qu'il adressa aux siens, au cours d'une de

4

ses excursions dominicales. Il l'écrivait dans une de
ces sobres auberges de Provence où l'on fait halte
entre deux cyprès poudrés à blanc :

Au moment où j'arrive moi-même, un bataillon venant de
Digne entre en ville, tambours et clairons en tête. Qu'ils ont
bonne mine, nos petits troupiers, le pantalon dans la guêtre,
la capote retroussée, le képi sur l'oreille ! Ils ont leurs vingt
kilomètres dans les jambes et pourtant quel air crâne ! — Un
vieux commandant à forte moustache, un peu gros, assis sans
prétention sur une paisible jument grise, les précède, ayant
près de lui un adjudant-major, tout pimpant et caracolant.
C'est le commandant que je préfère, ce type du soldat sentant
déjà sur ses épaules le poids de la vieillesse et des fatigues, mais
solide, aimé de ses hommes et dont l'œil terne doit se rallumer
vite un jour de bataille ; vieux serviteur chérissant son drapeau comme une famille et le suivant avec cette résignation
tranquille qui est le propre des vieux prêtres et des vieux
soldats. Çà et là, dans les rangs quelques figures bronzées, de
vieilles moustaches gelées en Crimée, rôties en Italie ; mais
les jeunes sont en majorité, déjà faits à leur métier, grâce à cette
aptitude militaire qui distingua toujours les paysans de race
gauloise. Au dernier rang, un farceur, gavroche en pantalon
rouge, chantonne en battant la mesure sur le sac de son voisin.
Enfin, près du fourgon, un gros aide-major en lunettes, épais,
suant, soufflant dans une tunique trop étroite, roule de gros
yeux. Halte ! les faisceaux se forment, les rangs sont rompus,
les troupiers se dispersent, le bidon à la main, en quête de vin
et de tabac. — Cela me rappelle le temps où, guerrier novice
empêtré dans mon uniforme, je cheminais à travers les plaines
glacées de la Loire. Il n'y avait alors ni soleil dans l'air, ni
cabarets sur la route : rien qu'une immense douleur impuissante
et contenue.

Le meilleur de Larroumet est dans cette page :
« Quel tableau, si j'étais peintre ! » ajoutait-il. Le
tableau existe, et c'est une œuvre de maître. Celui
qui écrivait cette lettre devait admirer le *Régiment*

qui passe et devenir l'ami d'Édouard Detaille,

Il obtint enfin une chaire à Paris. Sans négliger ses
élèves, il chercha aussitôt à faire sa trouée dans les
lettres. De latiniste il était devenu francisant. Les
choses du théâtre attiraient sa curiosité. Ce penchant
instinctif devint bientôt un impérieux besoin.

En ce temps-là, enseignait un libre docteur qui
régentait le goût public, bien qu'il eût jeté depuis
longtemps la toge aux orties. A ses déjeuners hebdomadaires Francisque Sarcey présidait, avec une bonhomie socratique, le moins pédantesque des bureaux
d'esprit. Là venaient s'asseoir tout à tour le vétéran
et le conscrit du journalisme, l'homme d'hier et celui
de demain, le vieil acteur qui conte ses tournées, la
comédienne en quête d'un rôle, tous les comparses et
tous les premiers sujets de la comédie de l'ambition.
Le maître critique, indulgent et gouailleur, s'épanouissait dans ce tapage. Il faisait son feuilleton tout haut,
riant le premier aux endroits comiques, s'interrompant pour dire une anecdote du Boulevard du Crime
ou une histoire rabelaisienne. Larroumet avait suivi
bien des cours, jamais un seul qui ressemblât à celui-
là. C'était de l'enseignement, les coudes sur la nappe,
dans l'atmosphère surchauffée du tout-Paris ; une
manière point maussade de compléter ses humanités.
Sarcey recevait à sa table les neuf dixièmes de ses
contemporains ; il eût pu dire, comme Don Diègue :
« Je convoquerai cinq cents de mes amis ». Dans cette
élite, un peu nombreuse, il prit en gré le jeune professeur qui lui donnait finement la réplique. Sa

joyeuse pédagogie reconnaissait dans Larroumet
son meilleur élève.

Il manquait encore à l'agrégé ce bonnet de docteur
que le doyen d'Aix lui avait promis. Il alla le chercher
dans un décor de l'ancienne Comédie-Italienne. Il
prit pour sujet de sa thèse l'œuvre de Marivaux.

Gracieux sujet qui lui faisait de l'étude un plaisir.
Vous connaissez le fin paradoxe de M. Émile Faguet ;
la postérité arrivant à se demander si l'auteur de
l'*Epreuve* n'était pas une dame de beaucoup d'esprit.
Tout le livre de Larroumet confirme ce jugement
ingénieux. Bien des volumes avaient été écrits sur
Marivaux. En histoire littéraire, il n'est pas de sujets
neufs ; Larroumet sut rajeunir le sien. Avec son sens
exquis de l'opportunité, il avait saisi l'heure où quelques-unes des œuvres de Marivaux s'établissaient
au répertoire. On s'avisait de trouver à cet auteur de
jadis des sentiments presque contemporains ; on
reconnaissait en lui le précurseur de la comédie que
nous aimons. Quand le Dorante du *Jeu de l'Amour
et du Hasard* s'écrie : « Je souffre ! » il pousse là un cri
tout nouveau. Cet aveu ne serait jamais sorti de la
bouche d'un marquis de Molière. C'est l'amour passion, l'amour supplice qui entre en despote dans la
littérature légère. Sous la mascarade italienne, l'Éros
antique atteint ses victimes. Racine avait peuplé
le théâtre tragique de princesses souffrantes et dam-
nées, mais les amants n'apparaissaient sur la scène
comique que le sourire et la chanson aux lèvres. Il y a
au fond de Marivaux la même mélancolie secrète

que chez les peintres des fêtes galantes. Les couples enlacés de l'*Embarquement pour Cythère* sont frères et sœurs de Dorante et de Sylvia. Ils semblent se moquer d'eux-mêmes. Mais parmi les figurants de ce fringant cortège, il n'en est pas un qui ne soit blessé au cœur ; leurs dentelles voilent des plaies saignantes. Nul n'a mieux montré que Larroumet par quels subtils procédés de pénétration Marivaux, confesseur de l'âme féminine, explorait « ces cachettes du cœur ».

Cette soutenance fut une des plus jolies journées qu'ait connues la vieille Sorbonne. L'érudit historien se révéla comme le plus séduisant des causeurs. Informé, original, habile, prompt à la riposte, il tint tête, avec une crânerie de bon ton, à un aréopage qui ne demandait qu'à lui donner raison. Peu de temps après, il entrait dans l'enseignement supérieur et devenait le collègue de ses juges.

Il était à la Faculté des Lettres lorsque M. Édouard Lockroy fut nommé ministre de l'instruction publique. Homme d'initiative et de progrès, le nouveau ministre voulait avoir à ses côtés un jeune professeur ayant des ouvertures sur la vie. On lui désigna Larroumet, qu'il ne connaissait que de réputation. Après deux heures de conversation, l'entente s'établit entre l'homme politique ami des lettres, et le professeur épris de l'action. Du jour au lendemain, Larroumet entra par la grande porte dans cette carrière administrative à laquelle il n'avait jamais songé.

La science de l'administration, si c'est une science,

n'a rien d'ésotérique, mais elle procède comme la grâce efficace : elle descend ou ne descend pas. On ne s'y prépare dans aucun manuel. Il y faut le don spontané, le stage d'une vie difficile, la pratique des hommes. Il y faut encore deux choses qui ne s'acquièrent pas : le tact et la volonté. Larroumet avait du caractère et de la pénétration ; cela valait un double brevet.

Il était auprès de M. Lockroy depuis quelques mois à peine, quand mourut le directeur des beaux-arts, M. Castagnary. Le ministre, désireux de faire un bon choix, cherchait partout, et ne trouvait guère. Il s'avisa que le collaborateur de ses rêves était tout près de lui. Il offrit la direction des beaux-arts à son chef de cabinet, qui commença par s'en défendre. L'offre était flatteuse ; M. Lockroy savait donner à ses ordres la forme d'un désir. Larroumet aurait eu mauvaise grâce à persister dans son refus. Il demanda la permission de consulter Sarcey. « Cela tombe à merveille, répondit le ministre. Il déjeune avec nous.» On interrogea Sarcey. Il dit : « Parbleu ! » — et ce fut un verdict.

Larroumet a spirituellement raconté comment le gouvernement des arts lui était venu sans qu'il s'en doutât. Il lui plaît à dire que ses études antérieures ne l'y avaient point préparé. De son nouveau domaine, il connaissait surtout le théâtre, qui n'en est ni la moins curieuse, ni la plus calme province. Sur les beaux-arts, il avait l'information d'un homme cultivé. Les Musées d'Aix et de Montauban l'avaient

eu pour visiteur assidu ; il avait lu l'histoire aux
cimaises du Louvre, étudié dans les attiques de Versailles l'iconographie des écrivains et des capitaines.
Mais il avait l'œil juste, la curiosité délicate, la compréhension vive du beau. Surtout il était sans
parti pris, sans théories, sans préjugés, d'esprit libre
et de jugement droit. Qu'on ajoute à cela une courtoisie parfaite, de l'assurance sans morgue, du sang-
froid et de l'éloquence ; joignez-y ce je ne sais quoi
qui dispenserait du reste, et qui s'appelle le charme.
Il n'est pas surprenant que l'expérience ait justifié le
choix de M. Lockroy.

On s'aperçut immédiatement que sur la mer semée
d'écueils le navire était conduit d'une main légère.
Larroumet naviguait avec une hardiesse qui n'ex-
cluait pas la prudence. En quelques mois il eut le
pied marin et le coup d'œil d'un vieux pilote. Les
artistes furent gagnés par sa bonne grâce, les politiques par sa fermeté, le grand public par son bien-dire.
Cet administrateur avenant gagna la confiance et
força la sympathie. Les événements le mettaient à
une école difficile : à peine nommé, il dut assumer le
souci d'une Exposition universelle. Il supporta sans
faiblir cette lourde responsabilité. Toujours prêt,
toujours dispos, il gouvernait en dehors. Ses confidents savaient seuls ce que cette élégante allure
dissimulait d'opiniâtre labeur.

Du poste qu'il occupait on voit les jalousies et les
haines surgir on ne sait d'où. Il ne faut pas en vouloir
à ses ennemis, ce serait de l'ingratitude. Il est néces-

saire d'en avoir quelques-uns ; il n'est pas indispen-
sable d'en avoir trop. Larroumet en eut un certain
nombre qui ne lui pardonnaient pas son bonheur. Ils
passèrent toute mesure, et ne réussirent qu'à lui
amener de précieux concours. Aussi parlait-il d'eux
plus tard avec une indifférence où se mêlait de l'attendrissement. D'illustres dévouements se groupèrent
autour de lui. Ainsi réconforté, il accepta gaîment
les menus inconvénients de la grandeur.

D'estimé, il devint populaire. On allait à lui naturellement. Ce fonctionnaire excellait à panser un
amour-propre malade, à redresser une volonté chan-
celante, à prononcer le mot qui console. Il avait
l'accueil ouvert et le conseil humain. A force d'éviter
l'autoritarisme il conquit l'autorité. Il eut même la
singulière fortune d'exercer, sans déchaîner trop de
colères, ce sacerdoce de la censure, dont on peut dire
qu'il est sans gloire et sans joie. La censure a beau
faire de son mieux pour vivre en paix avec ses jus-
ticiables : elle ne désarme point leurs méfiances. Et
pourtant elle pourrait se réclamer du divin philosophe des *Lois !* Platon a dit : « Enfants des Muses
voluptueuses, commencez par montrer vos ouvrages
aux magistrats ! » C'est là, en vérité, une auguste
origine ; maison affecte de l'ignorer. A force de dexté-
rité, Larroumet parvint à user, sans se blesser lui-
même, de cette arme un peu rouillée, qui n'est dan-
gereuse que pour celui qui la manie. On sait avec
quelle promptitude et quelle sagacité ce directeur des
beaux-arts sut comprendre et limiter son devoir.

Respect des droits des artistes et claire notion du rôle de l'État, maintien d'un haut enseignement d'après les chefs-d'œuvre, dévouement aux institutions glorieuses qui assurent la continuité du génie français, union de l'art et de l'industrie par l'école, ni intervention tracassière ni coupable laissez-faire, la répugnance aux destructions brutales, un regard avisé vers ces nouveautés troublantes qui annoncent parfois la formule de demain, piété pour le passé, compréhension de la diversité du présent, et, pour l'avenir, une foi profonde dans la vertu de la liberté, — voilà les quelques idées maîtresses qui animèrent son zèle et dirigèrent sa conduite.

Messieurs, cet esprit de sage libéralisme est celui qui préside à vos travaux. Vous deviez considérer l'homme qui s'en inspirait comme étant des vôtres. En 1891, vous appeliez Gustave Larroumet à remplacer le prince Napoléon dans la classe des académiciens libres. Sa place était marquée parmi vous. Il vous appartenait par l'éclat de ses services, par son dévouement à toutes les causes qui vous passionnent, par son aptitude à parler votre langue, par sa foi aux dieux que vous servez. Il n'avait pas à faire votre conquête : il eut pourtant la coquetterie de la recommencer.

Les fonctions publiques, si flatteuses qu'elles fussent, le détournaient de sa vocation véritable. Il s'ennuyait de la Sorbonne et elle s'ennuyait de lui. Il demanda à remonter dans sa chaire. Il quitta le pouvoir, volontairement et sans esprit de retour. Il avait fondé à la Direction des beaux-arts la tradition de la diplomatie loyale et de l'énergie dans la bonne humeur.

L'expérience de la vie publique avait doté cette nature heureuse de facultés nouvelles ; elle ne l'avait ni assombrie ni détournée. En regardant lutter entre eux les hommes, il n'avait appris qu'à leur vouloir du bien. Il effaça de sa mémoire les petites amertumes qui sont la rançon des grands honneurs. Il fit dans les lettres une rentrée cavalière, en homme qui clôt un chapitre difficile de son existence et qui vient d'apprendre le prix de la liberté.

Sa compréhension s'était étendue. Rien ne vaut d'avoir passé par les affaires ; à voir de près ce qui sera l'histoire de demain, on apprend à mieux lire l'histoire d'hier. On a plus d'indulgence, plus de clairvoyance et plus d'équité ; on n'interroge plus les vieux documents avec les mêmes yeux ; on comprend les passions des morts d'après celles des vivants. Quand il se remit à l'analyse des âmes du passé, Larroumet eut dès lors une manière plus large, plus d'accent dans le style et dans la parole plus de lointain. Sa philosophie avait reçu le baptême du feu.

Pendant quinze ans il sema, sans compter, les bons principes et les idées claires. Vingt volumes, d'histoire ou de critique, attestent l'étendue de sa recherche et la liberté de son esprit.

Tandis qu'il se faisait une belle place dans la littérature, votre bienveillance lui réservait un suprême honneur.

Votre vénéré secrétaire perpétuel, M. le comte Delaborde, sentant ses forces le trahir, résolut de se
démettre d'une charge que sa conscience lui interdi-
sait de remplir à demi. Vous vous rappelez tous,
Messieurs, cette séance d'une si noble mélancolie
où il vous remit ses pouvoirs pour mieux vous témoigner son dévoûment. En vain vous insistiez
pour qu'il revînt sur sa décision ; il persista dans son
sacrifice qu'il considérait comme un dernier devoir.
Son désir était de transmettre son héritage au brillant confrère qui avait gagné sa confiance. Votre
suffrage ratifia son choix. En 1898, vous faisiez de
Gustave Larroumet le septième secrétaire perpétuel
de notre Compagnie.

M. Delaborde, avec son visage austère et loyal de
personnage consulaire, imposait le respect tout
d'abord ; la familiarité ne venait qu'ensuite. Avec
l'affabilité la plus exquise et une intelligence ouverte aux clartés modernes, il gardait le maintien
d'un homme d'autrefois. Il avait imprimé à sa fonction une sorte de style dont le secret n'appartenait
qu'à lui. Son successeur avait une personnalité trop
indépendante et trop d'esprit de conduite pour copier
cette inimitable manière. Larroumet voulait, non
pas reproduire un modèle, mais suivre un exemple.
Ce fut en demeurant lui-même qu'il continua son
devancier.

Il se montra, à son tour, le gardien jaloux de vos
droits, l'administrateur vigilant des intérêts dont
vous avez la garde, votre répondant et votre négo-

ciateur, l'interprète de vos deuils, l'historien de vos victoires. Pendant cinq années, il siégea au bureau, attentif et scrupuleux, prompt à deviner vos intentions, sachant suggérer la décision du bien général sans jamais imposer son avis. En séance, il faisait preuve d'un tact supérieur ; au dehors, il vous représentait élégamment. C'était un délégué, j'allais dire un ambassadeur, que vous aimiez à montrer. Ses vastes relations, l'accès qu'il avait dans tous les mondes, sa renommée de bon aloi, tout cela le servait et vous servait. S'il s'agissait de fêter un nouveau confrère, avec quelle aisance et quelle mesure il lui souhaitait la bienvenue ! Fallait-il, soit ici, soit dans quelque cérémonie officielle, célébrer une de vos gloires, le causeur facile devenait un orateur éloquent. Doué d'une de ces voix méridionales un peu chantantes qui sont une caresse pour l'oreille, il séduisait les auditoires les plus divers. Vous vous réjouissiez de ses succès.

Vous voulez conserver, dans vos séances publiques, une littérature où domine la louange. Il suffit de définir cette manière pour ne pas craindre qu'elle ait au dehors trop d'imitateurs. L'excès de bienveillance n'est pas le travers de la critique contemporaine. Mais vous pensez qu'il y aura toujours assez d'écrivains pour énumérer les faiblesses des hommes ; on préfère ici parler d'eux pour vanter les beautés de leur œuvre ou les vertus de leur vie. Gustave Larroumet s'éleva jusqu'à la maîtrise dans ce noble genre, qui risquerait sans vous de se démoder. Vous

vous rappelez dans quel langage il vous entretint
du comte Delaborde, de Charles Garnier, de Gustave
Moreau, de Falguière. Il aimait à louer ; il excellait
à le faire, parce qu'il avait autant de générosité
au cœur que de liberté dans l'intelligence, et parce
qu'il cultivait en lui le don d'admirer.

On le sollicitait de tous côtés. Les grands journaux, les revues, les conférences se disputaient sa
collaboration. Il menait de front les travaux les plus
opposés ; professeur recherché, conférencier applaudi, journaliste infatigable, se multipliant et brûlant
sa vie. Comment parvenait-il à accomplir à la fois
ces tâches diverses, en semblant toujours se donner
tout entier à celle du moment ? Il était ponctuel au
bureau de l'Académie, régulier aux soutenances et
dans sa chaire, assidu dans les commissions, exact
à toutes les solennités, partout présent et agissant.
Un groupe d'industriels dévoués à l'union du beau
et de l'utile l'avait élu pour président ; il était l'âme
de cette société. Lorsque disparut Francisque Sarcey,
on lui offrit le feuilleton du *Temps*. Tout le désignait
pour recueillir la succession de son maître ; rien ne
répondait davantage à ses talents et à ses goûts.
Il accepta par surcroît ce grand poste littéraire
qui eût suffi à absorber son activité. Il vivait furieusement, comme il eût chargé s'il lui avait été donné
d'être un soldat.

Une telle existence était un défi. Un jour, à l'une
de nos séances hebdomadaires, Larroumet nous
sembla las, avec une tristesse dans le regard. La voix

n'était plus la même ; ce bel instrument de persua-
sion dont il se servait en virtuose nous parut blessé.
C'était le premier coup de griffe d'un mal qui ne
pardonne pas. On parvint non sans peine à lui im·
poser quelque repos. Nos instances s'unirent aux
prières des siens pour qu'il s'accordât une trêve. Il
s'absenta quelques mois et, quand il revint, on le
crut sauvé. Croyait-il lui-même à sa guérison ? Ceux
qu'il honora de ses dernières confidences peuvent
témoigner qu'il jouait déjà héroïquement la pieuse
comédie de l'espérance. A vrai dire, il se savait
perdu. Il consentit encore à partir pour la Corse,
affectant d'emporter du travail et de parler d'un
retour prochain. Vous vous rappelez tous la tristesse
de cette rentrée. Nous le revîmes défiguré, haletant,
vaincu, à l'inauguration du beau monument de
Charles Garnier. Il trouva encore la force d'y prononcer un discours. Sa dernière démarche fut pour
l'art et pour l'amitié.

Sur un livre qui lui a appartenu il a écrit ceci à
propos de cette carrière militaire dont il gardait la
nostalgie au meilleur coin du cœur :

Le métier des armes est noble, parce qu'il exige d'abord le
courage, puis le renoncement et le sacrifice; parce qu'il oblige à
mépriser ce que les hommes aiment le plus, la vie ; parce qu'il
élève à leur plus haute puissance l'énergie du corps et celle de
l'âme ; parce qu'il fait la vie belle et pleine, la mort rapide et
sans déclin.

Une mort rapide et sans déclin ! Ce bienfait-là lui
fut refusé. Il a dû longuement se regarder partir. Il

est mort debout. Ce fut la fin d'un sage après la vie d'un heureux.

Larroumet avait conquis un à un les biens de ce monde. Si la destinée semblait l'avoir comblé, il s'était montré digne de sa faveur. Les honneurs lui venaient naturellement : il était de ceux qui les justifient. Il allait jouir de cette célébrité dont il rêvait sur les bancs de l'école. La tendresse la plus exquise et la plus discrète veillait à son foyer. Il eût été pour lui facile et délicieux de vieillir. Le sort ne l'a pas voulu. Il s'est vengé en une fois. Mais il avait rencontré un rude adversaire et il n'a pu vaincre que le corps. L'âme est demeurée libre et n'a point faibli.

Cette mort mit en deuil la grande famille des artistes et des écrivains. Ce fut un drame atroce dans cette autre famille, plus intime où le père et l'époux étaient chéris autant qu'admirés. La courageuse compagne de Larroumet est retournée là-bas, au pays des fiançailles, vivre de regrets et de souvenirs. Nous pouvons confier la mémoire de notre ami à ce cœur fidèle.

Ce n'est pas ici qu'on l'oubliera. Pardonnez-moi de vous l'avoir si faiblement rendu. Volontiers je me serais contenté de dire : « Je l'ai connu et je l'aimais. » Ces notes ne prétendent pas résumer sa louange. Quand vous voudrez l'honorer dignement vous relirez la page vibrante, écrite au lendemain de ses funérailles, par quelqu'un qui s'entend à chanter la grâce et le courage. « J'ai déjà vu mourir, disait

Edmond Rostand, jamais comme cela. Je regrette
de n'avoir pas connu plus tôt un homme dont on
pouvait être sûr à ce point qu'il préférait certaines
choses à la vie. » Que pouvons-nous ajouter à cet
hommage ? La tombe de Gustave Larroumet a reçu
le laurier du poète qui est l'Arioste des Cadets de
Gascogne.

BOUGUEREAU [1]

L'ACADÉMIE des beaux-arts est cruellement frappée depuis quelques mois. Nos deuils se succèdent avec une rapidité telle que nous avons à peine le temps de nous recueillir entre deux adieux. Hier c'était Henner ; aujourd'hui c'est William Bouguereau qu'il nous faut pleurer. La verdeur du talent, l'énergie du caractère, la jeunesse du cœur étaient demeurées chez Bouguereau si vivaces que, mourant octogénaire, il paraît nous quitter précipitamment. Il y a trois semaines il siégeait parmi nous aussi ponctuel et aussi méthodique que de coutume, mais attristé et volontiers silencieux. Quand il se fut acquitté de tous les devoirs académiques dont le chargeait notre affectueuse confiance il partit pour sa ville natale en nous disant à tous : au revoir ! Cependant son beau visage d'aïeul était voilé de mé-

1. Discours prononcé aux funérailles de M. Bouguereau, le jeudi 24 août 1905.

lancolie. Peut-être pressentait-il déjà, avec cette clairvoyance qui précède l'heure suprême que pour lui le moment allait venir de connaître enfin le repos.

Le repos ! c'était bien là, Messieurs, pour cet infatigable travailleur quelque chose d'inconnu. Depuis soixante années il était sur la brèche. Sa vocation s'était déclarée de bonne heure, impérieuse et irrésistible. Après un sévère apprentissage dans l'atelier de Picot il débutait avec éclat au Salon de 1845. Quelques années plus tard il conquérait le prix de Rome en même temps que Baudry. Tous deux partaient pour la villa Médicis en pèlerins passionnés : tous deux devaient tenir au-delà de leurs propres espérances les promesses de leurs débuts. Bouguereau fut, à Rome, un pensionnaire aussi irréprochable qu'heureux ; à la fois enthousiaste et réfléchi, s'il mettait son amour-propre à obéir à la règle, il mettait sa joie à se faire l'esclave de sa conscience. Ces années de soleil et d'espoir qu'on passe sur la colline du Pincio, il les employa à étudier les styles et à pénétrer le génie des maîtres. De cette enivrante période d'initiation il gardait un souvenir attendri et fier, où il y avait moins d'orgueil que de gratitude. Chargé d'années et comblé d'honneurs, il était, comme à vingt-cinq ans, docile encore à la vieille leçon reçue jadis et toujours fidèle à la religion des gloires du passé. Il avait ardemment aimé les deux Rome, celle des Césars et celle des Apôtres. Dans la fête antique et dans le mystère des catacombes, il avait su comprendre tour à tour la joie

païenne et la sainteté du martyre. Après avoir tra-
duit la beauté profane en chastes idylles, il donnait,
comme dernier envoi, ce tableau mystique : *Les
Funérailles de sainte Cécile*, dont s'enorgueillit le
musée du Luxembourg. Cet ouvrage de sa robuste
jeunesse demeurera peut-être son chef-d'œuvre.
Bouguereau était déjà là tout entier, avec tous les
dons qui firent sa maîtrise : probité du dessin, charme
du coloris, science de la composition, ampleur de
l'ordonnance, pathétique sans emphase, habileté
incomparable au service d'une scrupuleuse volonté.
Quand il revint de la villa Médicis, il était déjà hors
de pair parmi les jeunes peintres de sa génération.

Dès lors commença cette existence de labeur in-
cessant, aisé, opiniâtre, qui, hier encore, se continuait sous nos yeux. Épris à la fois des élégances
mythologiques et des austérités du drame divin, il
obéissait, sans fatigue, à sa double inspiration
d'Alexandrin christianisé. Les œuvres succédaient
aux œuvres, scènes bibliques ou allégoriques, toujours faciles et heureuses, toujours égales à elles-
mêmes, toujours harmonieuses ou séduisantes. Le
public adopta vite comme un de ses favoris ce poète
de la forme qui parlait sûrement une langue très
claire. Quelques essais de décoration, que Bouguereau avait exécutés avec son bonheur habituel, l'im-
posèrent à l'attention des pouvoirs publics comme
un des artistes qui maintenaient dans notre art la
tradition franco-italienne de Fontainebleau. Églises,
théâtres, hôtels de ville, palais nationaux, il serait

trop long d'énumérer les édifices qu'on le sollicita d'embellir.

Sa renommée passa la frontière. Nous conservons pieusement dans notre mémoire le triomphe que remporta l'art français, en 1873, à l'Exposition universelle de Vienne ; c'était, après toutes nos tristesses, le premier sourire de la Fortune. La patrie mutilée, toute frémissante encore, envoyait à l'étranger ses artistes comme les messagers de sa renaissance. Bouguereau ne manqua pas au rendez-vous ; une acclamation unanime européanisa son nom. Il fut de ceux qui rendirent alors à la France un peu de joie, et, sur le champ de bataille pacifique, l'ivresse désapprise de la victoire. De tous les succès de sa carrière, c'était celui-là qui lui tenait le plus au cœur.

Peu après, Messieurs, l'Académie des beaux-arts l'appelait à recueillir la succession de Pils. Bouguereau nous appartenait depuis près de trente ans. Il était un de nos doyens. Il était surtout un de nos exemples. Le public bénéficiait de ses talents ; nous jouissions, nous, de ses vertus. Suffit-il de dire qu'il était un académicien accompli ? C'était avant tout le plus véridique et le plus droit des hommes, incapable de taire sa pensée, dédaigneux des fausses complaisances, ayant tous les courages de la vérité. Son irréprochable courtoisie savait contredire sans blesser personne ; mais s'il respectait la conviction des autres, il ne cachait jamais rien de la sienne. Il eût tenu tête à une multitude, s'il avait cru avoir raison contre elle. La discussion finie, le rude adver-

saire redevenait sans effort le confrère aimable, le
bon compagnon, l'ami souriant, dont désormais,
hélas ! la place est vide. Comme il va nous manquer,
Messieurs, ce champion intrépide, cet idéaliste incorrigible, indifférent aux caprices de la mode, qui
ignorait tranquillement les idolâtries passagères et
ne servait jamais que ses dieux !

A la nouvelle de sa mort, toute la généreuse famille des artistes s'est sentie diminuée. Ceux-là
mêmes qui obéissent à une conception tout autre
que la sienne vénéraient en lui une haute conscience
et une magnifique volonté. Il ne manquera pas moins
à la jeunesse. Il la chérissait et ménageait en elle la
gloire de demain ; mais il savait l'aimer sans faiblesse et l'encourager sans flatterie. Professeur d'un
dévouement inlassable, il possédait l'art difficile
d'être sévère en demeurant bon. A tous, quels qu'ils
soient, jeunes et vieux, de quelque appellation plus
ou moins exacte que l'on définisse leur effort, à tous
les vaillants, à tous les sincères, ceux d'aujourd'hui
et ceux de demain, la vie de Bouguereau peut servir
de modèle.

Elle vient, cette noble vie, de s'évanouir doucement, après avoir connu de cruelles douleurs domestiques et s'être rajeunie dans la tendresse d'un second
foyer. Notre confrère a eu la fin d'un sage de l'An-
thologie. Il est parti comme savent partir ceux qui
derrière eux ne laissent pas un reproche. Après une
dernière pensée donnée aux siens, il a fermé sans colère ses yeux qui n'avaient reflété d'ici-bas que des

images charmantes. Un sourire a terminé cette existence qui n'aura été qu'un long rêve de grâce et
qu'une poursuite obstinée de la Beauté.

LÉON GÉRÔME [1]

———

IL doit être essentiel au bien de l'espèce humaine qu'il y ait, de temps à autre, des individus très heureux. Le passage ici-bas d'un homme comblé par la fortune importe à ce que Renan appelait « la fête de la vie ». C'est un beau spectacle et un bon exemple. Si l'être ainsi privilégié possède encore, par une grâce suprême, le don merveilleux de se faire aimer, sa félicité se multiplie : elle devient un peu la chose de tous. Ne reprochons donc point au sort d'avoir des favoris ; tout est pour le mieux s'il fait de bons choix. Je ne sais, en vérité, rien de plus délicieux à étudier, ni de plus édifiant, que l'existence d'un homme heureux dont on puisse proclamer hautement qu'il était digne de son bonheur.

N'est-ce pas là toute l'histoire du grand artiste qui fut Léon Gérôme? Je pourrais presque m'arrêter

1. Notice lue à l'Académie des beaux-arts dans la séance du samedi 4 novembre 1905.

ici. Ce ne serait pas pour déplaire à son ombre : il n'aimait pas les longues harangues. Mais il a appartenu à notre Compagnie pendant quarante ans ; il est mort plein de jours et d'honneurs ; il s'est intéressé à toutes les aventures de son siècle, il en a pratiqué tous les hommes; l'inventaire de son œuvre admirable de peintre et de statuaire remplirait un volume ; il ne nous arrive pas de nous réunir sans reparler de lui. C'est peu de quelques pages, non certes pour le célébrer tout entier, mais pour saluer dignement sa mémoire.

Que n'a-t-il été son propre biographe ! Ses *Souvenirs* feraient le plus savoureux des livres. Sur la demande de son ami, Charles Timbal, il consentit, en 1876, à écrire quelques pages sur les débuts de sa carrière. Dès les premières lignes, nous le voyons ressusciter devant nous, avec sa raillerie de bon aloi :

« Pour éviter que, dans l'avenir, sept villes ne se disputent l'honneur de m'avoir donné le jour, je déclare que je suis né à Vesoul. Aucun prodige n'eut lieu le jour de ma naissance et c'est bien étonnant... Le siècle avait alors vingt-quatre ans. »

Les parents de Léon Gérôme étaient des gens de travail. Son père, orfèvre habile et estimé, voulut qu'il fît des études classiques. On faisait de solides humanités sous ces régents de petites villes qui chérissaient les lettres antiques et les savaient bien. Il fut reçu bachelier à seize ans. Ses succès à la classe de dessin avaient flatté l'orgueil de ses parents. Admirez ici un premier sourire de la destinée. Ce fut le propre père de Gérôme qui, en lui donnant une boîte de couleurs, éveilla chez lui la vocation. Nous sommes, aujourd'hui, largement habitués à ces complicités de l'amour paternel. Peut-être aurions-nous même un secret désir d'inviter les familles à nous prodiguer moins libéralement leurs espérances. Aux environs de 1840 il n'en était pas ainsi. Le projet de devenir peintre, avoué par un fils, déchaînait une tragédie domestique ; selon un rite, alors cher à la bourgeoisie, la malédiction paternelle accompagnait l'aveu. Les parents de Gérôme ne le maudirent point. On l'envoya à Paris, muni d'une lettre de recommandation pour M. Paul Delaroche et de la somme fabuleuse de douze cents francs.

C'était alors un charmant cavalier, hardi comme un page, d'une maigreur élégante, très résistant sous des dehors délicats. Il avait autant de gaîté que de courage, le don de plaire, beaucoup d'esprit déjà et, de toutes les manières d'en avoir, la moins commune à cet âge : il savait à merveille qu'il ne savait rien.

En ce temps-là, le plus fameux des séminaires artistiques était l'atelier de Paul Delaroche. De tempérament modéré, d'humeur équitable, ce maître cherchait à réconcilier les classiques et les romantiques dans la paix d'un éclectisme intelligent. Cette tentative de juste milieu déplaisait, comme de raison, aux deux partis extrêmes ; le bon sens public l'encourageait. Un peu froid, un peu hautain, mais profondément dévoué à la jeunesse, Paul Delaroche enseignait à une élite les principes de son esthétique ingénieuse. Il tenait école de volonté, de sagesse et de goût. Il ne défendait à aucun de ses élèves de devenir un génie fougueux ; mais à tous il conseillait prudemment de ne pas commencer par la fougue.

Cette pédagogie libérale et ferme convenait à la nature de Gérôme. Sous la direction d'un maître admiré et aimé, il apprit patiemment toutes les grammaires. Soixante ans plus tard, au souvenir de cette période d'efforts acharnés : « Ah ! s'écriait-il, après un beau regard vers le passé, je vous réponds qu'on travaillait dur ! » On s'amusait aussi, prétend-on. Il paraît même que les divertissements n'étaient pas toujours d'une modération éclectique. A la suite d'un incident d'atelier qui fit quelque bruit, Delaroche renonça à l'enseignement.

Gérôme apprit, en revenant de vacances, son inscription d'office au nouvel atelier de Drolling. Il lui déplut de changer de méthode. Son premier maître partait pour l'Italie : il l'y suivit. A peine arrivé, il installait son chevalet sur ce Forum qui ressemblait encore au Campo-Vaccino cher à Claude Lorrain. « Cette année, dit-il, est une des plus heureuses et des mieux remplies de ma vie, et j'ai, à ce moment, fait assurément de sérieux progrès. Je me surveillais beaucoup. Un jour que j'avais fait une étude un peu facilement, je la grattai, quoiqu'elle fût bien, mais je craignais de me laisser aller à ma facilité. » Voici l'homme même. Son talent n'est encore qu'en lisière ; sa conscience est déjà majeure. Presque enfant, il se jugeait sans complaisance. Octogénaire, il s'examinait encore. Quelqu'un lui demandait, peu de semaines avant sa fin, ce qu'il avait fait dans la matinée. « J'ai appris ! » répondait-il. La veille de sa mort, en face de la dernière ébauche, il gardait, non pas l'humilité, mais l'orgueil de s'estimer toujours en apprentissage. Ne cherchons pas ailleurs le secret de son indestructible jeunesse du corps et de l'esprit.

Après un an de séjour en Italie, il entra à l'atelier de Gleyre. Sa famille voulait qu'il tentât le concours de Rome. C'était pourtant déjà la marque d'un esprit rare de nier la vertu du Grand Prix. C'est encore aujourd'hui une originalité, qui risque de devenir inélégante à force de s'être répandue. Gérôme se plia de bonne grâce au désir des siens. Bien reçu à l'esquisse, il fut éliminé pour la figure peinte. Son échec lui inspira la conviction que le jury avait entièrement raison ; c'est de là sans doute que date sa réputation d'homme paradoxal. Pour apprendre ce qu'il ignorait, il s'imposa la tâche d'exécuter un tableau avec des figures nues. Quand cet exercice d'école fut terminé, il demanda, non sans angoisse, à ses maîtres, s'il pouvait l'envoyer au Salon. Delaroche et Gleyre ne l'en dissuadèrent point.

Au Salon de 1847, alors installé dans les salles du Louvre, tous les regards allaient des *Naufragés* d'Eugène Delacroix à l'*Orgie romaine* de Couture. L'œuvre du débutant, *Jeunes Grecs faisant combattre des coqs*, occupait un rang élevé au-dessus de la cimaise. L'œil d'un poète l'alla chercher sur ses hauteurs. Théophile

Gautier savait voir de loin. « Il faut, écrivit-il, marquer de blanc cette année heureuse. Un peintre nous est né, il s'appelle Gérôme. Aujourd'hui, je vous dis son nom, je vous prédis que demain il sera célèbre. » Le public et le jury partagèrent le sentiment de Gautier. Cette œuvre charmante, dont nous admirons, au Musée du Luxembourg, la fraîche élégance et la grâce naïve, obtint un succès retentissant. On savait gré à cet inconnu d'apporter une note d'harmonie nouvelle. Le jeune peintre fut aussi heureux que surpris de son succès. Il n'avait aucunement songé à faire une révolution ; il savait déjà que les véritables révolutions ne se font ni exprès, ni en un jour. « Mon tableau, devait-il écrire plus tard, avait ce mince mérite d'être d'un bon jeune homme qui, ne sachant rien, n'avait pas trouvé mieux que de s'accrocher à la nature et de la suivre pas à pas, sans force peut-être, sans grandeur et timidement sans doute, mais avec sincérité. » Cela plaisait à dire à notre confrère, qui redoutait, comme un ridicule, de sembler s'attendrir sur lui-même. Au meilleur coin du cœur, il gardait une secrète préférence pour le gracieux essai qui lui avait valu la célébrité.

Les applaudissements qui saluaient son premier ouvrage ne lui donnèrent, avec l'ambition, que plus de zèle au travail. Cependant il devenait un personnage. Des camaraderies ardentes se groupaient autour de lui. Il était le centre de cette petite corporation de la rue de Fleurus, où les néo-grecs travaillaient dans la verdure et dans les chansons. Peu s'en fallut que ses compagnons, après l'avoir élu capitaine de la garde nationale, ne le sommassent de fonder une école. En l'année 1848, les églises nouvelles naissaient facilement; Gérôme avait trop de tact pour édifier quoi que ce fût qui ressemblât à une chapelle. A vrai dire, il cherchait sa voie.

Nous le voyons s'essayer dans la peinture décorative. Il exécute des panneaux pour l'église Saint-Séverin ; il accepte la commande d'une vaste toile : *Le siècle d'Auguste.*

Ce dernier travail lui prit deux années. Mais entre temps il commençait la série de ses voyages. Il était parti, en simple touriste, pour gagner Constantinople par les chemins du Danube ; lorsqu'il revint, il avait pris conscience de lui-même.

Ses deux envois à l'Exposition de 1855 offraient le plus piquant des contrastes. C'était d'abord : *Le Siècle d'Auguste.* Avec une belle témérité, Gérôme avait voulu résumer dans cette toile de dimensions gigantesques la majesté du colosse romain. Les juges compétents se plaisaient à louer, dans cette composition imposante, le groupement heureux des figures, d'ingénieux détails archéologiques, des trouvailles d'attitudes et de costumes, la recherche de l'ordonnance, le souci du style. Mais pour évoquer en une seule page la double vision de l'apothéose impériale et de l'aube chrétienne, il eût fallu un Bossuet du pinceau. Certes, l'erreur de Gérôme n'était pas vulgaire : il n'est pas donné à tout le monde d'avoir de ces généreuses imprudences. D'ailleurs, dès qu'il s'aperçut de l'insuccès de sa tentative, une revanche lui fut accordée.

La foule se pressait devant son autre envoi : *Musiciens russes répétant une chanson de marche*. Cette fois encore, Gautier donna le signal des applaudissements ; reprenant le sujet pour son compte, il se complut à le repeindre avec tous les tons de sa palette de mots. D'une note prise au hasard d'une halte, d'un effet pittoresque intelligemment regardé et véridiquement rendu, d'une chose vue Gérôme avait fait son premier « gérôme ».

Cette date fut décisive dans sa carrière. Il avait trente-deux ans. Depuis plusieurs années il s'interrogeait. L'incertitude devait être un supplice pour un homme de son caractère. Cette fois, il se répondit sans hésitation ; avec une rare clairvoyance, il comprit son tempérament véritable.

Ce qu'il sentait le mieux, c'était la diversité de la vie. L'homme, en ses perpétuelles métamorphoses, avec l'outillage merveilleux de son énergie, ses engins de travail et de combat, avec ses postures souffrantes et ses élans de domination, demeurant sous tous les climats, à toutes les époques, immuable parmi la mêlée des races et le tumulte des mœurs, l'homme offrait le plus inépuisable des thèmes. Ce serait une fête incessante de voyager par l'imagination dans le lointain du passé, par le corps sur les routes de la terre, à la poursuite de ce modèle éternel. Gérôme n'était pas de ceux qui refusent à l'opinion publique le droit de donner un bon avis. Elle semblait lui déconseiller les aventures dans le domaine périlleux du grandiose ; il comprit le conseil à demi-mot. Il se sentait doué pour sentir vite, pour voir juste et pour exprimer loyalement ce qu'il avait vu. Il renonça à l'emphase et se fit conteur.

L'expliquer ainsi n'est pas l'amoindrir. Ne lui rend-on pas un nouvel hommage en essayant de le définir avec une sincérité digne de lui ? Aussi bien est-ce une science obscure et décevante que celle des hiérarchies spirituelles. Il n'est pas qu'une manière de servir l'art et la vérité : « On compte, dit la parole évangélique, plus d'une demeure dans la maison de mon père. » Certes, il est sublime de respirer à pleins poumons l'air des sommets. Mais l'Idéal compte moins de héros que de victimes. Pourquoi aller grossir inutilement le nombre de ses vaincus ? A défaut de la magie des chimères, le monde réel offre la richesse infinie de ses formes à ceux qui le contemplent d'un œil ami. Sous le sol où se joue le drame humain coulent discrètement des sources fécondes. Il n'y a pas de beauté qu'au séjour des dieux, de pathétique que dans l'épopée, de poésie que dans les poèmes. Quand il est parlé par une voix sincère, c'est un noble langage aussi que la prose.

Le plus franc et le plus fin des prosateurs, le portraitiste de l'homme universel, l'interprète de toutes les civilisations, l'observateur, tour à tour amusé et ému, de la variété du monde, voilà ce qu'a voulu être Gérôme, — et c'est ce qu'il fut excellemment.

Vous me reprocheriez, Messieurs, d'inventorier

son œuvre et de détailler sa vie : l'une et l'autre vous
sont familières. Désormais, le voilà parti à la découverte à travers l'histoire et l'univers. La nature l'avait
formé avec complaisance pour qu'il fût un peintre
voyageur. Elle l'avait fait sain, robuste, infatigable,
avec l'humeur et l'endurance d'un soldat. Il était né
chef de caravane. L'Orient le hantait,. « Il y a là,
disait-il, des sujets qui portent. » C'était une vieille
tradition française d'aller interroger le Sphinx égyptien. Gérôme vécut huit mois aux bords du Nil d'une
vie intense et enthousiasmée. A chaque étape, une
fois le campement organisé, il saisissait sa palette et
ses pinceaux. « J'aime mieux, disait-il, trois touches
de couleur sur un morceau de toile que le plus vif des
souvenirs. » Récemment, une exposition de peintres
orientalistes s'énorgueillissait de montrer quelques-
unes des études où cette main si sûre, au service d'un
œil avide de spectacles, surprenait les instants de la
nature. Gérôme revoyait ces essais sans déplaisir.
« Tenez ! s'écriait-il avec entrain, celui-ci est allé tout
seul ; en voici un qui m'a donné de la peine. Ce n'est
pas mal, mais ce n'est pas ça ! » Et ses yeux, restés si
jeunes sous leurs épais sourcils, brillaient encore
d'avoir reflété des m.. veilles. Au premier signal, il
serait reparti pour son cher Orient, patrie des vieilles
splendeurs et des jeunes rêves.

La Plaine de Thèbes et la Prière chez un chef ar-
naute consacrèrent sa renommée. Mais, tandis qu'il
faisait avec éclat ses preuves d'orientaliste, il montrait de son talent un aspect nouveau. Se spécialiser

dans une formule répugnait à cet esprit toujours en recherche. Cette fois, il empruntait aux mœurs modernes un sujet d'une fantaisie douloureuse. Nous allons toujours revoir *le Duel après le bal* dans nos visites au musée Condé. Le grand châtelain de Chantilly le montrait à ses hôtes avec une prédilection particulière. C'est un des ouvrages les plus populaires de Gérôme. Nous disions qu'il était un conteur. Peut-on conter avec plus de discrétion dans la morale et d'habileté dans le récit ? Nulle déclamation, point de rhétorique, la chose elle-même exposée simplement. — En ce matin d'hiver, une farce de Gavarni s'est ensanglantée. Pierrot est mort pour de bon. Ce n'est pas du rouge de théâtre, c'est le sang d'un pauvre cœur humain qui a souillé la neige. Sous leurs oripeaux de carnaval, ces masques, soudain dégrisés, s'épouvantent d'avoir joué malgré eux la tragédie. Le silence du remords vient de se faire autour du vieux forfait de Caïn. Il semble que Colombine soit absente. Regardez mieux ; vous allez sentir sa présence invisible planer sur ce crime de l'amour. Vous croirez ne plus voir qu'elle au bout d'un instant... L'ironie atroce de cette scène donne à rêver longuement. C'est bien là un récit cruel fait, d'un ton d'indifférence aristocratique, par un Français, mauvaise tête et bon cœur, qui veut avoir l'air de sourire, tandis que la voix tremble et qu'une larme vraie glisse au coin de l'œil.

Messieurs, quand elle est traitée avec cette maîtrise, la peinture de genre justifie tout le bien qu'en pensait Diderot. Son histoire n'est pas un des chapitres les moins brillants des annales de l'art français. Elle se réclame d'une noble origine : elle date de ces « escriveurs de vermillon, » dont le Dante honorait l'aimable génie. Elle embellissait alors les manuscrits du « gai sçavoir ». Une anecdote joliment dite a toujours séduit la race curieuse qui se plaisait aux apologues et aux fabliaux. C'est ainsi que l'art subtil de Gérôme se rattache à la tradition des ancêtres. Il avait hérité de leur philosophie souriante et de leur parler clair. Il devait aux aïeux du goût national le secret de dire beaucoup de choses en de belles œuvres de petit format. Comme eux il était minutieux, précis, pénétrant, un peu narquois, volontiers frondeur, spirituel et galant, moraliste à ses heures, éloquent s'il le fallait, jamais pédant, ni jamais obscur ; comme eux, il savait enseigner sans déplaire et émouvoir en divertissant.

Chaque année, les visiteurs du Salon prenaient plaisir à chercher, à leur place habituelle, ces peintures délicates et achevées : *La mort de César, Les Gladiateurs, La Prière musulmane, Les Deux Augures, Le Hache-paille égyptien, Pollice verso, Le Golgotha, La Prom nade du Harem, La Collaboration, Rembrandt faisant mordre une eau-forte, Rex Tibicen, L'Éminence grise Une Conspiration.* Le public fêtait son favori ; on l'eût sans doute grandement étonné en lui expliquant de quel effort obstiné étaient sorties ces pages légères. Visiteur de toutes les contrées, contemporain de tous les siècles, le peintre a dû se faire tour à tour

bédouin sous la tente, fellah dans les rues du Caire,
janissaire au Bosphore, pèlerin en Judée; il a compris
la férocité romaine à travers Suétone, deviné dans
Aristophane et dans Lucien la Grèce familière, lu entre
les lignes des vieux livres, revécu la vie de ses personnages et interrogé leurs fantômes. Il lui a fallu subir
les fatigues du voyageur, les doutes de l'antiquaire,
les découragements de l'historien. Son beau métier
d'écrivain des formes, il le rapprend chaque jour
en face du modèle. Ce tableau qui donne au specta-
teur un instant d'émotion fugitive a exigé d'inces-
sants repentirs. Que de notes prises pour la valeur
d'un geste, l'agencement d'une draperie, l'effet d'un
costume! Quelle lutte pour arriver, par l'exactitude
des détails, à la vérité de l'ensemble! Mais Gérôme
ne demandait pas à la foule de s'apitoyer sur son
sort : il travaillait dans la joie. Non qu'il ignorât à
quel point l'art est un dur maître; mais, sûr d'avoir
mis dans chacune de ses œuvres le meilleur de lui-
même, il vivait en bon ménage avec sa conscience.

Nous ne croyons pas que quelqu'un l'ait surpris
jamais dans un accès de mélancolie. On frappait à la
porte de son atelier, une forte voix de commandement vous criait d'entrer. Tandis qu'une bizarre
sonnerie exotique vous saluait sur le seuil, on aperce-
vait le maître, à l'autre bout de la vaste pièce, en
vêtements et en posture de travail. Il s'interrompait
à peine pour vous accueillir d'un bonjour cordial
et malicieux. Tout en causant, il continuait. C'était
touchant de voir cette tête blanche inclinée sur la

tâche commencée. Les objets épars, céramiques, étoffes, tapis, masques, armures, raretés de toutes provenances, témoignaient de sa curiosité nomade. Les études, méthodiquement rangées contre les murs, racontaient l'histoire intime de son labeur. Rien de mystérieux, rien de solennel, rien de louche : l'homme et sa vie se lisaient couramment. Parfois ce travailleur infatigable s'accordait une minute de répit : son plaisir était alors d'apporter un ordre élégant dans les choses qui l'environnaient. Il avait pour les instruments de son esprit des tendresses d'artisan soigneux et reconnaissant. « Voyez-vous, disait-il, en faisant la toilette de ces chers objets familiers, tout cela me connaît. Je suis un vieil ouvrier, j'aime mes outils. » En une heure, il s'était livré à vous tout entier, avec sa gaîté sereine et sa grâce robuste. « Voulez-vous que je vous montre quelque chose ? » ajoutait-il. Et, vous prenant sous le bras, il vous conduisait dans son officine de sculpteur. La passion de la statuaire lui était venue sur le tard. Il s'y abandonnait avec délices. Il chérissait, pour les difficultés de sa syntaxe et pour la probité de son verbe, celui de tous les arts où il est le plus difficile de tromper. Au peintre acclamé de naguère certaines gens affectaient aujourd'hui de préférer le sculpteur. La gracieuse figure de *Tanagra*, l'*Omphale*, le *Rétiaire*, la *Statue équestre du duc d'Aumale* avaient forcé la louange. Ces savants petits bronzes, d'allure épique, le *Bonaparte* à la silhouette de jeune dieu, le *César* franchissant le Rubicon dans le vent de l'avenir s'étaient imposés à l'admiration de ceux-là mêmes qui n'aiment pas à voir durer les renommées. Là encore, Gérôme déployait ses qualités maîtresses de visionnaire et d'observateur. Informé de tous les secrets de la sculpture, il s'ingéniait à les pénétrer plus avant, cherchant des patines rares, des poly-chromies, des mélanges de matières, les ors précieux qui avivent le marbre, l'éclat d'un ivoire enchâssé dans le bronze. Quelques-uns s'étonnaient de le voir, à l'âge habituel du repos, commencer une seconde éducation. C'était pourtant la même carrière qui se continuait. Avec le pinceau ou l'ébauchoir, c'était la même main, guidée par le même scrupule ; devant la toile ou l'argile, le même œil interrogeant la na-ture ; chez le peintre et chez le statuaire, même virtuosité et même ferveur.

La Mode a des ressources infinies d'ingratitude. Ayant changé, elle trouvait étrange que Gérôme fût demeuré le même. Demander à un tel homme d'évo-luer selon les caprices de l'heure, c'était vraiment le connaître peu.

Il se sentait, par certains côtés, d'une autre époque que la nôtre. Pour le replacer dans son milieu, il faut aller revoir, à Versailles, la *Réception des ambassa-deurs siamois*. La société impériale s'épanouissait alors en plein triomphe. Dans cette cour rieuse, qui s'étourdissait au bruit des fêtes, l'artiste prend place, sans embarras ni morgue, à son poste de témoin. Il regarde longuement, pour les fixer en sa mémoire, l'éclat des uniformes et des parures, ces officiers

éblouissants, ces femmes exquises, ces messagers en
robes de féerie qui rampent au pied du trône, tout ce
décor de luxe et d'orgueil. Il est là chez lui. Il sera
le chroniqueur, sympathique et charmé, de cette
heure brillante. Bientôt l'Exposition de 1867 va
s'ouvrir. Toutes les majestés de l'univers ont été con-
voquées ; l'Art aussi a reçu son invitation. Chacun,
dans sa tenue de gala, devra se montrer, en puissance
et en beauté, devant la France. Alors le peintre passe
la revue de ses travaux. Comme toujours, il est « son
critique le plus dur ». Voici pourtant un ouvrage
qu'il préfère entre tous : il réserve le *Prisonnier* pour
la place d'honneur. Ce tableau, il l'a conçu, aux belles
heures de la jeunesse, en regardant les eaux du Nil
rouler les pourpres du soir ; il l'a exécuté avec amour
quand il s'est senti maître de sa manière. Ces Ar-
nautes impassibles, ce lâche bouffon, ce vainqueur
insultant, ce vaincu farouche, il les a vus passer
devant lui dans la solennité d'une nuit d'Orient. En
les recréant, si réels, et si vivants de la vie du rêve,
n'a-t-il été cette fois qu'un grand imagier ? N'a-t-il
pas su, en si peu d'espace, évoquer toute l'âme orien-
tale, féroce et perfide, et résumer un monde de douleurs ? L'anecdote a jailli du cadre étroit pour devenir un drame. Ici l'adresse s'appelle le style, l'obser-
vation profondeur, la vérité poésie. Gérôme ne se
trompait pas en s'enorgueillissant de cette œuvre.
Elle avait conquis le succès, cette joie d'un jour :
l'avenir lui réservait mieux. Déjà le temps a posé sur
elle cette patine ambrée dont il caresse les choses

durables et s'est plu à la marquer de son sceau.

Ces dernières années du second Empire virent notre confrère à son apogée. Il était devenu à la fois illustre et populaire. Il avait trop d'indépendance pour courir après les honneurs et trop d'esprit pour s'y dérober. Le pouvoir venait de se prendre de zèle pour une réforme de l'enseignement de l'art. Lorsque furent créés les ateliers de l'État, on jugea habile d'en confier un à Gérôme. Il accepta, à ses risques et périls, la difficile mission de professeur. Il devait la remplir quarante ans. Voici son programme : « Je suis choisi pour apprendre l'orthographe aux jeunes gens ; après quoi, je leur dirai de regarder devant eux, d'étudier la nature, d'être sincères, d'être naïfs et de travailler. » Ses élèves, qui furent innombrables, le chérissaient d'un amour filial. Au jour de l'an l'armée des « Gérômes » allait embrasser le patron. Tous étaient là, fidèles au rendez-vous, depuis le conscrit jusqu'au vétéran. Le bon chef, à la stature de cadet, droit comme à la parade, un gai sourire dans la moustache, passait la revue de ses troupes ; et cela avait quelque chose de crâne et de militaire qui rappelait le salut au drapeau.

La place de Gérôme était marquée à l'Académie des beaux-arts. L'Institut gardait quelque rancune au gouvernement des ukases de 1863. Notre Compagnie a toujours été jalouse de ses prérogatives : elle y voit moins des garanties pour ses droits que des facilités pour ses devoirs. Ayant accepté la direction d'un atelier officiel, Gérôme pouvait craindre quelque méfiance chez certains membres de l'Académie.

Mais ce grand séducteur savait s'y prendre avec
tant de franchise et de bonne grâce, ses titres étaient
d'un tel po'ds que les dernières résistances devaient
céder. Il ne lui suffisait pas de prendre part aux travaux de ses nouveaux confrères, il résolut de faire
leur conquête. Vous savez à quel point il y réussit.
Son zèle, son entrain, ses saillies imprévues, sa façon
si personnel'e d'égayer la sagesse d'un bon conseil,
son inlassable dévouement à la gloire commune sont
déjà légendaires. Il faisait la joie de vos séances.
Dans les circonstances difficiles, tous les regards se
tournaient vers lui ; on savait d'avance que cette
voix sonore prononcerait la parole a'tendue. Nous
ne nous habituons point à son silence.

Absorbé par de grands devoirs, il ne dédaignait pas
les plus petits. Il acceptait allégrement les comités, les
jurys, les présidences comme la rançon obligée des
honneurs. L'exactitude à remplir les moindres man-
dats lui paraissait un devoir strict de courtoisie et de
probité. « Il faut faire bien tout ce qu'on fait », répétait-il. Il trouvait du temps pour tout. Sa journée
finie, et quelle journée ! « Avec qui dois-je dîner ce
soir ? » se demandait-il. Et, à l'heure dite, ponctuel
comme toujours, on le voyait, la main tendue, la tête
haute, le regard clair, la joie aux lèvres, arriver aux
rendez-vous de l'amitié. Sa bienvenue lui riait dans
tous les yeux.

La France admirait l'artiste pour ses talents ;
Paris aimait l'homme pour sa belle humeur. Gérôme

était l'âme de ces réunions sans solennité, où la causerie effleure tout au passage, où les paroles se font légères pour mieux planer sur tous les sujets, où les passions doivent demeurer discrètes et les ironies généreuses. C'était, sans qu'il y prît garde, un causeur délicieux ; il connaissait tant d'événements, tant de pays et tant d'hommes, il avait fait le tour de tant de choses. Jamais de longs récits, mais comme il savait, en quelques mots, réveiller un souvenir ! Ces propos de table, s'ils étaient recueillis, aideraient nos fils à comprendre bien des choses qui sont trop vite devenues d'autrefois. Ce ne serait peut-être pas un manuel d'impartialité. Certains jugements de Gérôme, exprimés avec une concision rigoureuse, demeurent susceptibles de revision. Il n'était pas de ces esprits qui ont l'heureuse chance de tout comprendre et le don facile de tout aimer. Il avait ses préférences et aussi, pourquoi ne pas le dire ? ses préjugés, qu'il ne dissimulait point. Mais si beaucoup de gens prétendent faire des réserves sur quelques-uns de ses arrêts, nul ne suspecte sa bonne foi de juge. Il mettait d'ailleurs quelque coquetterie à exagérer ses intransigeances. Se sentant survivre à sa génération, il se raidissait pour rester debout, parmi tant de choses écroulées. Ce voltigeur des vieilles batailles, inhabile aux ruses de la guerre moderne, gardait l'ancienne tenue, par accoutumance. On disait un jour, devant lui, de quelqu'un, que c'était un réactionnaire : « Pas tant que moi ! » s'écria-t-il d'une voix formidable. Il se divertissait ; il se calomniait un peu aussi par dandysme. En réalité, il ne se refusait pas à comprendre les évolutions inévitables et les légitimes besoins de l'avenir. Il en voulait aux mœurs bien plutôt qu'aux idées. Mais quoi ! il avait fait ses premiers pas à une époque où la chevauchée des ambitions était moins vertigineuse. Le maximum de rapidité était représenté, dans sa jeunesse, par l'allure d'un cheval au galop. En voyant tant de personnes « faire de la vitesse », au risque d'écraser les passants et de bouleverser la route, il se garait avec un peu d'inquiétude. Il avait pris l'habitude de sports plus calmes et d'étapes moins hasardeuses. Ce n'était pas un réactionnaire ; disons qu'il était conservateur avec exaltation. Ce ne sont pas les révolutionnaires qui nous font défaut ; nous sommes assurés désormais que le progrès ne manquera point d'éclaireurs. Ne nous plaignons pas de voir quelques hommes porter élégamment les modes du passé.

Ce satirique un peu rude ne se moquait de tant de choses que parce qu'il en respectait plus encore. Il demandait aux autres les croyances et les vertus qu'il exigeait de lui-même. A ceux qui lui auraient reproché de manquer de souplesse, il eût répondu par la parole d'Horace Vernet : « On ne me paie point pour mentir. » Il fallait l'accepter tel quel. Ce chevalier était si fidèlement épris de sa dame qu'il la trouvait toujours aussi belle et ne lui voyait point de cheveux blancs.

Il prolongeait, par un miracle de la volonté et de l'intelligence, la magnificence de ses vingt ans. Cette beauté princière que Carpeaux a fixée dans le bronze, revivait, hier encore, dans les portraits que nous donnèrent de lui un de ses élèves préférés et le gendre dont il était si fier, devenus des maîtres à leur tour. Et dans son armature restée intacte, l'âme aussi s'obstinait à ne point vieillir. G'rôme gardait avec une ardeur juvénile le culte de toutes les fiertés françaises. Il savait par cœur notre épopée militaire. Un de ses derniers ouvrages de sculpture aura été l'Aigle de Waterloo. Vous vous rappelez tous ce magnanime oiseau blessé, dont l'aile déchirée palpite en ore. Ce fut une douleur pour l'artiste et pour le patriote de n'avoir pu voir se dresser dans le ciel ce symbole d'immortelle espérance.

Dans les aimables notes autobiographiques qu'il écrivait en 1876, nous lisons ceci : « Je mourus très vieux, exempt de toute infirmité. » L'ironiste plaisantait avec la destinée pour obtenir d'elle une faveur suprême. La mort a courtoisement exaucé son vœu : il s'en est allé pendant son sommeil.

Ah ! la forte vie, Messieurs ! Quelle leçon de constance et d'énergie ! Quel usage superbe du bonheur ! Une pensée unique, le respect de l'art, aura rempli cette vaste existence. Gérôme fut, dans toute l'acception du mot, un artiste, et jamais rien d'autre. Comblé des dons les plus divers, il pouvait rendre compte sans remords du riche dépôt qu'il avait reçu. Sa journée était remplie et sa dette payée.

Le monde l'avait amusé infiniment ; il le lui avait rendu de son mieux.

PAUL DUBOIS [1]

DEVANT tout autre auditoire que celui-ci, je serais tenté de m'excuser de n'avoir rien à révéler de nouveau sur la personne du grand artiste qui fut Paul Dubois. Sa vie s'est écoulée dans le silence et dans la paix du travail. Elle décourage la curiosité. En vérité, Messieurs, on pourrait dire de notre illustre confrère qu'il ne lui est jamais rien arrivé. — Rien, que d'être un homme sans reproche et de créer des chefs-d'œuvre.

Sa biographie se résume dans l'énumération de ses ouvrages. D'ailleurs, elle a été racontée récemment cette noble existence, et le mieux du monde, par quelqu'un dont j'envie la compétence. Le brillant sculpteur qui a succédé ici à Paul Dubois s'est fait l'apologiste éloquent de celui en qui il saluait un maître. Dubois n'avait pas voulu de bruits humains

---

1. Notice lue à l'Académie de beaux-arts dans la séance du samedi 3 novembre 1906

autour de sa tombe. Son dernier vœu imposait silence à l'admiration. Seule l'amitié eut la parole devant son cercueil. Un de ses plus chers compagnons de célébrité exprima en quelques mots émus les regrets de tous. Ce fut, vous vous le rappelez, parfaitement simple et plus touchant que les longs discours.

Messieurs, notre deuil dure encore. Mais la figure de Paul Dubois se détache maintenant en pleine lumière. Ses rivaux, ses amis, ses confrères sentent qu'ils sont devenus pour lui la Postérité. Déjà il a pris place dans l'histoire de la sculpture française.

Grande histoire que celle-là, et dont nous sommes en droit de nous glorifier. Elle est écrite à toutes les dates de notre passé. A peine notre nationalité prenait-elle conscience d'elle-même, que le génie de nos statuaires surgissait du terroir. Les imagiers romans firent jaillir du sol une source que rien ne devait plus tarir. Dans la France féodale, chaque province conservait son génie propre. L'art de la province de Champagne manifesta un des premiers son originalité.

Par malheur, sa manière romane a presque totalement péri. Une des tristesses de notre histoire vient du regret de la beauté perdue. Des vieux artisans champenois qui sculptèrent la Vierge et les saints aux porches des églises, il ne nous reste pas même un nom. Nous ne pouvons que deviner leur âme naïve à travers des fragments mutilés. Pour étudier une école locale dans les vallées de l'Aube, il faut attendre le début du quinzième siècle. Alors une bourgeoisie prospère, enrichie par les grandes foires de la con-

trée, assure aux sculpteurs une clientèle. Le pays
est semblable au génie de ses artisans d'alors, sans
perspectives grandioses, mais amical et baigné de
mélancolie. C'est une terre de vaillants travailleurs
et de fins imagiers.

Par quel singulier phénomène les artistes de ce
coin du territoire renoncèrent-ils tout à coup à rester
eux-mêmes ? A l'appel du roi François Ier, Domenico
el Barbiere avait passé les monts. C'était un Italien
disert et le plus fécond des virtuoses. Bien qu'adopté
par la province de Champagne, maître Dominique
demeura quand même « le Florentin ». A force d'audace et d'adresse, il conquit quelque chose de notre
sol et de notre esprit. Mais était-ce bien le génie original de sa patrie qu'il apportait à ses trop dociles
élèves ? Leur révélait-il une aurore ? Ne leur mon-
trait-il pas plutôt le crépuscule d'un beau jour ? Nos
pères prirent pour l'annonciateur d'une aube nouvelle ce messager du soleil couchant. Leur grâce un
peu sèche y perdit de sa candeur, leur bonhomie se
fit déclamatoire. En croyant se retremper dans une
source vive, l'originalité de l'École champenoise
s'enlisa dans les sables d'un estuaire.

En bonne justice, Messieurs, la Toscane nous devait
une revanche. Elle nous avait expédié jadis un ambassadeur de sa décadence ; un Florentin tard venu
avait feint de devenir champenois. Au dix-neuvième
siècle, on vit un fils de la Champagne se faire sincère-
ment florentin, sans pour cela cesser d'être français.

Ce que le jeune Paul Dubois, arrière-neveu de

Pigalle, allait, en 1859, chercher en Italie, ce n'était pas l'idéal de basse époque dont s'étaient épris ses devanciers. Il venait demander son initiation à la beauté antique.

Une irrésistible vocation l'entraînait. La passion le possédait d'être un artiste, passion absolue, obstinée, qui s'affirmait sans tapage. Les sentiments profonds de Paul Dubois se sont toujours traduits ainsi. Il voulait, à la façon des doux : ces volontés-là sont invincibles.

Dubois sortait d'une honorable famille bourgeoise. Son père était notaire et le destinait au notariat. Là aussi il faut la vocation ; le jeune homme ne l'avait point. Son âme était ailleurs. Tout d'abord il se crut né pour devenir musicien. La musique fut la confidente et la consolatrice de ses premiers rêves. Il lui resta tendrement fidèle, comme à un bel amour de jeunesse. C'était chez lui un orgueil caché, peut-être une tristesse, d'avoir failli seulement être musicien. Ce silencieux devenait éloquent pour parler de Bach et de Beethoven. Les meilleures heures de son rare loisir, il les consacra toujours à cet art qu'il n'avait délaissé qu'à regret.

Il ne fut ni musicien, ni notaire. Il se fit statuaire et les siens surent lui faciliter son apprentissage. A peine sorti de l'atelier de Toussaint, il obtenait de sa famille une pension pour aller vivre en Italie.

Comment oublier que je compte, parmi ceux qui me font l'honneur de m'écouter, nos jeunes amis déjà presque en partance pour le pèlerinage traditionnel ? Ils sont justement fiers d'avoir obtenu le Prix de Rome. Nous ne leur déconseillerons pas l'orgueil. Nous voulons encore qu'à cette fierté légitime se mêlent un peu de gratitude et beaucoup de joyeuse confiance. Ils vont rencontrer, en sortant d'ici, des personnes qui prononceront devant eux le mot d'exil. S'il y a des gens pour les envier, il se trouve aussi, paraît-il, des gens pour les plaindre. Ah ! mes chers amis, le désirable exil ! Il a tenté de glorieux volontaires. Au milieu des portraits qui protègent la salle commune dont vous serez demain les hôtes, vous chercherez instinctivement celui de Paul Dubois. Son nom manque au livre d'or. Dubois n'a pas été pensionnaire, du moins légalement. Vous trouverez néanmoins, à la Villa Médicis, son souvenir et son exemple. Ce fut librement qu'il alla vivre cette belle vie ardente et studieuse qui vous attend là-bas. A défaut des prérogatives du Prix de Rome, il en revendiqua les devoirs.

En cinq années de voyages et d'études, il se munit pour la vie. Des atavismes de sa contrée natale il tenait le goût des idées claires. Tempérament équilibré, sensibilité exquise, il maintenait son cœur et son intelligence dans un état habituel de santé tranquille. On imagine ce que pouvait inspirer à un esprit semblable un pèlerinage à toutes les stations et à toutes les époques du beau. Il avait la vision trop perspicace pour ne pas comprendre la leçon des modèles antiques. Le respect intelligent du passé fut chez lui un acte de foi raisonné en même temps qu'un acte d'amour. Mais après s'être rompu aux disciplines nécessaires, il choisit sa route et il y marcha librement.

L'histoire de l'art venait de faire une véritable découverte. Dupe de classifications arbitraires, elle avait cru longtemps voir l'épanouissement du génie italien dans l'époque où s'était au contraire accusé son déclin. L'art de l'Italie apparaissait enfin dans l'éclat de sa floraison première. Paul Dubois était de son temps. Il se passionna pour ces écoles de Sienne et de Florence où le respect de la seule nature soutenait et guidait les précurseurs. Les primitifs l'enchantèrent.

Ces maîtres de la première Renaissance ont aujourd'hui beaucoup de fidèles. On ne nous fera pas dire qu'ils en aient trop. Peut-être y a-t-il là un excès d'enthousiasme après trop d'ingratitude ? Quoi qu'il en soit, aux environs de 1860, il était difficile, et méritoire, de discerner dans ces œuvres encore mal connues ce qu'elles contenaient d'inspirateur. Paul Dubois sut les aimer sans exclusivisme, les analyser avec clairvoyance et les continuer sans les reproduire. Il était de ceux qui peuvent s'abandonner sans péril aux séductions d'un esprit nouveau.

Du nouveau ! En trouver à tout prix, fût-ce au prix de la raison même, cette gageure est la perte des faibles. La recherche de l'originalité quand même fait tous les jours des victimes nouvelles. Rien ne dure moins que ces révolutions annoncées d'avance. Le nouveau ne se fait pas exprès.

Qu'il avait peu les allures d'un révolutionnaire, le débutant qui expédiait d'Italie ses deux envois au Salon de 1863 ! Il ne s'était fait précéder d'aucun manifeste contre les tyrannies académiques. Fidèle à son programme d'exil volontaire, il n'était pas même venu de Rome pour surveiller l'installation de ses ouvrages. Le *Narcisse* et le *Saint Jean* portaient au catalogue le nom inconnu d'un absent.

Ces deux œuvres caractérisaient la double inspiration à laquelle le jeune artiste avait obéi. Le corps du *Narcisse*, d'une grâce si souple, ne pouvait avoir été modelé que par un visiteur assidu des musées de Naples et du Vatican. Qui avait appris au sculpteur de ce petit *Saint Jean* farouche à donner au caractère individuel la noblesse typique ? Quelqu'un de l'atelier de Praxitèle s'était arrêté chez Donatello. Et ce Toscan pénétré d'hellénisme parlait haut et clair le parler de France.

Paul Dubois entra aussitôt dans la renommée. Ce ne fut pas une de ces entrées cavalières comme en font ceux qui veulent enlever la réputation de vive force. Il se fût défendu de viser au titre de novateur. Sans prétendre rien détruire, il apportait à sa génération l'esprit de rajeunissement. A peine osait-il reprendre le chemin de la France. Lorsqu'il lui fallut renoncer aux délices de l'apprentissage, il tremblait de n'avoir pas assez appris.

Les plus belles heures de sa vie italienne, il les avait vécues sous les voûtes de la chapelle Sixtine. C'est un lieu où l'on ne pénètre qu'avec une sorte d'effroi

7

sacré. Au-dessus de la tête du visiteur, le génie de Michel-Ange suspend son prodige. L'âme est saisie tout d'abord de ce vertige qu'un poète appelait : « Le vertige du gouffre d'en haut ». Cette énigme formidable ne livre pas aussitôt son secret. Une lassitude respectueuse vous oppresse. Mais voici qu'aux parois des hauts murs, toute une imagerie radieuse vous rend au monde des chères apparences. Le pontife qui a édifié ce lieu de prières admirait Florence : il avait mandé dans la ville éternelle les peintres de la cité souriante. La Sixtine, qui devait plus tard s'emplir à en éclater de créatures surhumaines, offrit d'abord l'hospitalité de ses murailles au peuple joyeux de la vie. Dans ces foules heureuses, parées comme pour le plaisir, chacun de nous peut se choisir un compagnon d'humanité. Michel-Ange nous enlève, effarés, au terrible empyrée de ses visions; avant de remonter à ses hauteurs, il est doux de reprendre haleine sur un sol familier et parmi des êtres connus. Le poème de la terre vous repose des tragédies du ciel.

Un esprit aussi méditatif que Paul Dubois sentait profondément tout ce que la majesté des voûtes de la chapelle Sixtine verse de pensées. Mais après les heures d'extase ses yeux se reposaient complaisamment sur les fresques des maîtres de Toscane. Il respirait à l'aise dans cet art que le mystère de l'au delà n'a pas encore troublé ; dans cette civilisation qui s'abandonne à l'ivresse de vivre, il s'épanouissait comme en une patrie retrouvée.

Parmi les figurants de cette fête adorable, quelqu'un se détacha du mur et alla vers lui. Un enfant du *popolino*, délicat sans mièvrerie, élégant sans fadeur, beau comme un petit dieu qui consent à vivre de la vie mortelle, vint chanter son hymne de jeunesse à l'oreille du pèlerin qui allait repartir pour la France. Dès leur première rencontre, ils se entirent étroitement liés l'un à l'autre. Se quitter pour toujours eût été pour tous deux trop cruel. Ils passèrent les monts de compagnie.

Il n'est pas de statue plus populaire que le *Chanteur florentin*. Dans sa pose pleine de simplicité et d'abandon, le joueur de mandoline s'écoute lui-même chanter le poème de la nature. Une pensée profonde habite cette jeune tête. Sa beauté est celle d'une race heureuse qui sait rêver, penser et vouloir. C'était le confident de sa sévère et paisible jeunesse que l'artiste avait incarné dans cet enfant.

Par la perfection du dessin et l'harmonie des lignes, le *Chanteur florentin* était une œuvre de grand style. L'élite et la foule lui firent un accueil chaleureux. La médaille d'honneur fut votée à Paul Dubois d'acclamation. Pour tout autre que lui un succès aussi retentissant aurait pu offrir des dangers. Le public, exigeant et souvent peu perspicace, eût volontiers demandé à l'artiste de lui renouveler à l'infini le même plaisir. S'il n'eût écouté que son intérêt immédiat, Dubois se serait contenté de devenir le plus savant des sculpteurs de genre. Mais ce qu'il avait appris de l'éphèbe toscan ce n'était pas la chanson banale du

succès d'un jour. Il dédaigna d'imposer des frater-
nités de hasard à ce cher compagnon de labeur. S'il
le garda auprès de lui, s'il prêta toujours l'oreille à
ce bruit lointain de mandoline où vibrait un écho de
Florence ce ne fut que pour s'exciter à de plus hauts
devoirs. — Désormais sa carrière se poursuivra logiquement, harmonieusement, ainsi qu'une marche
patiente au chef-d'œuvre.

L'Exposition de 1867 consacra la gloire de notre
école de sculpture. Barye était absent mais le *Pé-
cheur napolitain* rendait illustre le nom de Carpeaux.
Au *Narcisse*, au *Saint Jean*, au *Chanteur*, que l'on
revit avec joie, Paul Dubois avait joint un groupe
de plâtre : *la Vierge* et *l'Enfant*. Cette vierge au
visage allongé rappelait, sans les imiter, les madones
de Luca della Robbia et de Mino. Ailleurs en vrai fils
adoptif du *Quattrocento* Paul Dubois n'avait pas
dédaigné de se faire artisan. On admirait à la section
industrielle deux torchères de bronze ; les figures
drapées des porteuses avaient été modelées l'une
par un prix de Rome, Alexandre Falguière, l'autre
par celui qui aurait pu signer : Prix de Florence.

Entre 1867 et 1873, Dubois demeura éloigné des
Salons. Six ans de silence en pleine renommée ! Une
si longue retraite loin de la lutte serait-elle possible
et permise aujourd'hui ? Le public ne souffre plus
qu'un artiste le laisse se déshabituer de son nom.
Cette époque où Paul Dubois resta volontairement
à l'écart vit nos malheurs et notre relèvement. C'était
devant une autre société, une autre France que l'art

reparaissait. La patrie de l'artiste avait souffert. — Quant à lui il avait grandi.

Le chercheur du pittoresque et de l'expressif, le modeleur ingénieux choisissait, en 1873, un sujet de statuaire pure. Quel artiste n'a point essayé de recréer Ève ? Les uns ont vu en elle la première pécheresse, les autres la tentatrice châtiée, d'autres la mère douloureuse. Les ingénus, les pervers, les profanes, les mystiques, les voluptueux, les chastes, les primitifs et les tard venus, bien des peintres et bien des sculpteurs ont tenté de ressusciter la mère des hommes selon le songe qu'ils faisaient d'elle. Si lettré que fût Paul Dubois, il se méfiait, dans un sujet semblable, de ce que nous oserons appeler le péril de littérature. Il prétendait, avant tout, faire un beau nu féminin. Il appelait son envoi : *Ève naissante*. Vierge encore, ignorante, heureuse, la première femme s'éveille à la vie. La pensée n'a pas encore attristé cette créature d'innocence et de joie ; elle ne sait pas ce qu'il y a de douloureux dans la conscience. Elle ignore le mal et la peur ; elle est éblouie, surprise et ravie. Ce poème de volupté chaste, le sculpteur l'exprime avec des lignes et des contours. Il est peintre aussi et s'en est souvenu. Dépassant un peu les limites de son art, il ose envelopper le modelé savant de subtile atmosphère ; quelque chose du mystère de Léonard s'est posé sur la forme précise.

Nous venons de dire que Paul Dubois était peintre. Il avait d'abord fait de la peinture pour s'exercer, pour s'assouplir, pour rivaliser affectueusement avec ses camarades les plus aimés. Mais cet amant de la vérité, ce contemplateur fut séduit par l'énigme du visage humain. Il se fit portraitiste avec dévotion. Quelques-unes de ses œuvres de peinture, surtout le portrait de ses deux fils et d'exquises images de jeunes filles, illustrèrent son nom parmi ceux des beaux peintres. On put craindre un moment qu'il ne désertât la grande sculpture. Pendant quelques années, lorsqu'il abandonnait ses pinceaux, ce n'était plus que pour sculpter des bustes. Ceux du *Docteur Parrot* et de *Baudry* sont des merveilles de vérité. Il en est un devant lequel vous vous attardez volontiers. On l'a placé dans la grande salle du conseil, à l'École des beaux-arts. Jean Henner, le peintre des dryades, le confident des crépuscules, le lecteur d'Horace et de La Fontaine, le causeur malicieux, revit là tout entier, avec sa bonhomie pénétrante ; et surtout le rude ouvrier de la tâche quotidienne, l'ami des petits, le grand frère aîné au cœur sûr, dont l'épargne, confiée à des mains pieuses, va servir à créer de l'espérance.

Nous voici, Messieurs, à une date solennelle de la carrière de Paul Dubois. Au lendemain de la guerre, un comité s'était formé pour élever un monument à la mémoire du général La Moricière.

L'existence de La Moricière, selon la parole d'un de ses frères d'armes, offrait « un exemple saisissant de la fragilité du bonheur ». Le zouave intrépide, l'africain réputé invincible avait connu pour la première fois la défaite sur une colline de la marche

d'Ancône. Le vaincu de Castelfidardo était tombé
avec un principe. Ceux-là mêmes qui servent une
autre cause saluent respectueusement son malheur.
Les politiques ont le droit d'examiner s'il entra de
l'erreur dans ce sacrifice. Ces erreurs-là, si elles peuvent égarer un homme, ne diminuent point l'humanité. Les admirateurs de La Moricière conviaient tous
les Français à rendre hommage à cette grande âme,
où les fautes elles-mêmes vinrent de la vertu. C'est
le privilège de l'art d'exprimer dans son langage
immortel les pensées populaires. Quand il est chargé
d'une mission semblable, l'artiste se trouve augmenté
de toute la confiance que l'on met en lui ; son indi-
vidualité disparaît pour revivre d'une vie meilleure
et plus large. Il est beau d'égaler certaines tâches ;
Paul Dubois dépassa la sienne.

Elle était superbe à raconter, la vie de ce capitaine
philosophe qui, après avoir refait le rêve des croisés,
était mort en prière. Une jeunesse épique, un été
rayonnant de gloire, puis tout à coup d'injustes
rigueurs, l'épée brisée au service du droit, le plus
amer des exils, celui des camps, un long soir de tristesse et de doute, un sursaut d'énergie et, pour finir,
une cruelle aventure où tout sombrait, excepté
l'honneur ! Cette destinée tragique trouva en Dubois
son interprète.

Est-ce ici qu'il faille rappeler l'apparition, au
Salon de 1876, du *Courage militaire* et de la *Charité?*
L'Académie des beaux-arts revendiqua aussitôt com-
me un des siens l'auteur de ces œuvres maîtresses.

Une vote enthousiaste appela Paul Dubois à la succession de Perraud.

Le *Tombeau de La Moricière* ne fut entièrement achevé qu'en 1878, et les visiteurs de l'Exposition universelle durent aller le chercher dans une sorte d'introuvable hangar. C'est à Nantes, sous les voûtes de la cathédrale, qu'il apparaît dans sa pure beauté. Placé en face du monument des ducs de Bretagne, il supporte victorieusement le voisinage de Michel Colombe. L'art du passé n'a rien produit de plus tranquillement magnifique.

Autour du cénotaphe, quatre figures semblent prolonger une veillée funèbre. La Moricière était tendre et humain : la Charité l'accompagne, sous les traits de la plus tendre des mères, nourrice de robustes enfants. Ce paladin croyait : la Foi, semblable à une vierge en extase, veut s'élancer au ciel du pardon. Ce chrétien avait longtemps cherché la vérité dans les livres : un vieillard ascétique, au front lourd de sagesse, poursuit auprès de lui le rêve toujours inachevé de la science. Mais ce soldat était un soldat, avant tout : son répondant, son témoin, son double, c'est ce guerrier joyeux qui va se lever au premier appel. Il semble immobile et pourtant il frémit de tout son être ; il regarde au loin, au delà de l'heure, là où sont les suprêmes espérances et les devoirs sublimes. Ce qu'il brave ainsi, c'est la peur. Il n'a rien à dire : il se tient prêt et il attend. Ainsi fixés dans l'airain impérissable, ces quatre fantômes éternels protègent la mémoire d'un soldat de France.

Il semblait à tous que le talent de Paul Dubois ne pouvait plus grandir, mais bientôt une occasion lui était offerte de triompher encore, en se renouvelant. L'héritier du domaine de Chantilly entreprenait de rendre son ancienne splendeur à la maison des Montmorency et des Condé. Le duc d'Aumale faisait choix d'un des nôtres pour architecte de cette grande œuvre de science et de goût. Jusqu'aux journées révolutionnaires, la statue équestre d'Henri de Montmorency s'était dressée sur la terrasse du château ; mais l'ami du Béarnais n'avait habité Chantilly que passagèrement. Celui que le duc d'Aumale voulait ramener dans la demeure, c'était le compagnon d'armes de Bayard. Seul le grand connétable Anne de Montmorency lui paraissait digne de présider aux nouvelles destinées du domaine. Ce magnifique et terrible seigneur avait aimé passionnément les arts et la guerre. Rude soldat, politique implacable, — « et n'y avoit à la suite du roy de France âme vivante qui ne le redoutât », — ce dominateur demandait à l'art, tantôt de le consoler de la disgrâce, tantôt de le reposer du bonheur. Il fallait montrer dans son armure de guerre cet ami des arts qui combattait « à belles enseignes découvertes ». Le nouvel hôte de Chantilly voulait replacer, dans un décor de fête, le revenant de l'ancienne seigneurie.

L'exécution d'une statue équestre est le défi le plus audacieux qu'un sculpteur puisse faire à la nature. Les plus grands maîtres n'ont abordé qu'en tremblant ce problème redoutable. Lorsqu'il reçut de Ludovic le More la commande de la statue de Sforza, Léonard de Vinci se remit à l'étude comme un écolier. Il consacra les plus belles années de son âge mûr à cette œuvre qui devait si tôt périr. Léonard s'attardait en recherches et multipliait les ébauches. Ludovic le More prit pour un aveu d'impuissance ce fier scrupule du génie ; il songea à retirer à Vinci ce travail. L'ambassadeur florentin écrivait secrètement à Laurent le Magnifique : « Et parce que Son Excellence voudrait faire une chose parfaite au superlatif, elle me dit de vous écrire de sa part qu'elle désirerait que vous lui envoyassiez un maître assez apte à un tel travail. Bien qu'elle ait confié cet ouvrage à Léonard, il ne semble pas qu'elle soit grandement persuadée que celui-ci sache l'exécuter. »

— Le duc d'Aumale voulait aussi doter Chantilly « d'une œuvre parfaite au superlatif ». C'est pourquoi il avait choisi en Paul Dubois « un maître assez apte à un tel travail ». Il avait trop de confiance en l'artiste et en l'ami pour ne pas savoir attendre. Cependant Dubois, à l'imitation de Léonard, se refaisait une éducation. Il connaissait mieux que personne les statues équestres des maîtres, mais qui donc a dit qu'en copiant un maître, si grand soit-il, on se résigne à être non pas le fils, mais seulement le petit-fils de la nature ? Ce fut la créature vivante, l'insaisissable et décevant modèle que Dubois voulut interroger. Pour reconstituer le cavalier, il s'était fait archéologue. L'étude du cheval lui imposa des recherches de naturaliste. De son double effort résulta une œuvre, où l'analyse la plus minutieuse s'unissait à un large esprit de synthèse. Cette statue du connétable de Montmorency nous rend la vivante image des élégances et des énergies du passé.

A fréquenter ainsi le monde de l'histoire, Paul Dubois connut la hantise des grands sujets. Il résolut de se faire le poète plastique de nos plus pures gloires.

Messieurs, cette histoire de la patrie que nous ne nous lassons point de relire, est un infini d'héroïsme et de génie. Comment faire un choix parmi tant de penseurs, de poètes, d'artistes, de citoyens, de soldats, d'apôtres, tant de héros et tant de victimes ? L'admiration se demande, presque avec angoisse, à qui elle doit se vouer de préférence. Mais bientôt, dans ce Panthéon tumultueux, une figure, une seule se détache, et l'âme d'un Français va droit à elle comme au bon génie du foyer. Tous les peuples ont, dans leurs annales, à vénérer des exemples et à exalter des aïeux ; il y a chez toutes les nations de la grandeur humaine. Seule, notre histoire raconte un miracle. La France a pris conscience d'elle-même à l'appel d'une enfant de ses campagnes. Nous fûmes sauvés par la suprême candeur. Il n'y a qu'une Jeanne d'Arc au monde, et ce prodige est une chose de chez nous.

Sous quel visage apparut la vierge merveilleuse aux humbles qui se prosternaient sur son passage ? Quelle fut la prison charnelle de cette âme de lumière? Du corps anéanti sur le bûcher, il ne reste pas l'ombre d'une ombre ; rien, pas même une ébauche, un trait

fugitif. Tout a péri de ce qui était périssable dans cet
être d'immortalité. Notre amour ne sait comment
imaginer l'objet de son culte.

A ce deuil secret du cœur l'art vient offrir la consolation de son divin mensonge. Déjà les derniers venus
de nos tailleurs d'images cherchaient dans la pierre
des vieux porches à ressusciter la sainte fée disparue.
Ils ont légué à leurs héritiers la tâche impossible de
reconstituer sa pure beauté par un prestige.

Ce grand dix-neuvième siècle, où tout fut tenté, a
vu les peintres et les sculpteurs rivaliser de zèle et de
génie pour rendre à une seconde vie idéale celle qui
fut ici-bas l'idéal vivant. Parmi les morts immortels,
un Ingres, un Rude, ont voué le meilleur d'eux-mêmes
à cette œuvre de résurrection. Après eux, Chapu,
Bastien-Lepage, Benouville, Barrias, ont montré la
bergère lorraine dans le supplice ou dans l'extase.
Permettez que je regarde autour de moi. L'élève
chéri de Rude, maintenant le doyen toujours jeune
de la sculpture française, a dressé l'image frémissante
de la guerrière sur le lieu même où coula son sang.
Hier encore, celui qui entra tout jeune dans la renommée pour avoir réconcilié la gloire avec le malheur,
faisait s'agenouiller dans un élan mystique la com-
battante de la prière. Il est des sujets inépuisables,
où chacun viendra à son tour s'essayer pieusement.
Et dans leur inlassable recherche, les artistes auront
la piété d'un peuple pour collaboratrice et pour conseillère.

Paul Dubois voulut tout relire de la miraculeuse

aventure et tout en revivre par la pensée. Tous les
raffinements de la technique, tous les moyens de
créer la forme, tous les secrets de la spiritualiser, sa
science d'ouvrier sans égal et sa ferveur de poète, il
s'était juré de les résumer dans cette œuvre.

Au fond du hall de la sculpture, la *Jeanne d'Arc*
nous apparut dans une discrète lumière de printemps.
Un grand cri d'admiration salua le chef-d'œuvre et
soudain toutes les mains battirent. Muet, confus,
presque effrayé, tandis que les applaudissements
éclataient de toutes parts, le maître gardait les yeux
fixés à terre. Quand il les releva pour remercier du
regard ceux qui l'acclamaient, il ne put distinguer
personne : cette foule amie ne lui apparaissait qu'à
travers ses larmes.

Mériter de vivre une heure pareille, quelle plus
haute récompense un artiste pourrait-il rêver? Ce fut
la plus belle journée de la vie de Paul Dubois. Un
maître de la médaille tint à honneur de graver cette
date. Souffrez que je rappelle encore un épisode de ce
jour de joie. L'ovation populaire avait pris fin. Quelqu'un, dont la fonction consistait surtout à se faire le
témoin vigilant des victoires de l'art, un passant, —
détenteur éphémère d'un peu de pouvoir, — descen-
dait l'avenue des Champs-Élysées en compagnie
d'un artiste illustre. Les deux hommes, tout émus
encore, s'entretenaient de la scène grandiose à laquelle ils venaient de participer. L'artiste, fils ardent
et généreux de ce Midi qui nous a donné tant de maîtres, exprimait, avec l'éloquence innée de sa race,

l'admiration que lui inspirait son émule de gloire. Il se plaisait, pour traduire son enthousiasme, à trouver des formules de la plus magnanime humilité. Son interlocuteur l'écoutait avec respect. Et rien n'était plus noble à entendre que le panégyrique de Paul Dubois dans la bouche de Falguière.

Le lendemain, le triomphateur se remettait humblement à l'ouvrage. Il avait encore d'autres ombres héroïques à évoquer.

Paul Dubois se souvenait d'avoir admiré en Italie les fragments dispersés d'un tombeau. François. Ier avait commandé à Agostino Busti Bambaja le monument de Gaston de Foix : Milan en conserve le gisant « presque heureux dans la mort, dit Vasari, au souvenir de ses victoires ». Dubois songeait à réveiller de son sommeil le jeune capitaine endormi ; il voulait replacer sur son cheval de guerre ce général de vingt-trois ans « dont sera mémoire tant que le monde aura durée ». A celui que les routiers appelaient « le tonnerre d'Italie », la fortune n'accorda que quatre mois ; ce fut assez pour qu'il prît dix villes avant de s'abîmer dans la victoire. Lorsqu'il tomba sous les coups des Espagnols, le vainqueur de Ravenne avait reçu toutes ses blessures par devant. Quels destins auraient pu être promis à cet enfant prodigieux qui rêvait d'un trône ! Ce montagnard, qui marchait pieds nus dans la neige, avait deviné la guerre future Gaston de Foix, c'est encore Du Guesclin, — et déjà Turenne. Dubois l'imaginait, ce héros de légende, tel qu'un saint Georges de style français. Mais le projet

secrètement caressé, ne naquit pas même à la première vie de l'ébauche. L'artiste donna la préférence
à un autre chevalier adolescent, plus doux, plus
aimable encore, dont le souvenir est moins loin de
nous.

Dans l'atelier un peu froid, un peu nu, d'où le faux
luxe était banni, la statue commencée de Marceau
attendait l'heure de la perfection. Le deuil du héros
français est porté dans toutes les armées du monde.
Hic cineres ubique nomen ! Ce qu'il y a pour nous de
consolant dans sa mort, un de vous l'a exprimé puissamment dans le plus émouvant des tableaux. Paul
Dubois, lui, voyait le jeune chef républicain dans son
dolman du 11º chasseurs, sur le bel alezan qu'il
montait au matin d'Altenkirchen, lorsqu'une carabine tyrolienne mit fin à son rêve de justice et de
liberté. L'attitude, le geste, l'allure gracieuse et
guerrière étaient déjà trouvés. C'était bien le soldat
des justes causes, capable de pardonner après la victoire. Cependant Paul Dubois cherchait toujours.
Nous étions seuls à penser que l'œuvre fût terminée.
Telle qu'elle est, cette statue inachevée et définitive,
elle pourrait se dresser sur son socle. On y graverait
cette parole de Byron : « Marceau a préservé la
blancheur de son âme et le monde a pleuré sur lui ! »

Une autre pensée, plus religieuse, plus haute
encore, remplit les dernières méditations de Paul
Dubois. De jour en jour et d'œuvre en œuvre, l'idée
créatrice grandissait en lui. Il conçut un monument
de deuil et d'espoir à la gloire de la France elle-même.

Il s'absorba dans ce rêve grandiose à un âge où sont interdites à l'homme les trop longues espérances. Sans doute, il savait bien qu'à lui, le perpétuel douteur de lui-même, le temps ne permettrait jamais de réaliser une telle pensée. Il consacra pourtant tout ce qu'il conservait de tendresse et de force à ce monument qu'il ne pouvait finir. Il fallait à cet idéaliste une belle chimère pour remplir et charmer ses derniers jours. Voulant exprimer toute l'âme de la France, il commença par traduire sa douleur. Le groupe qu'il appela simplement *Souvenir* fut son testament d'artiste et de patriote. Ce que ne disent pas les deux sœurs orphelines, le secret de leur farouche désespoir, n'essayons pas de le trahir par des mots. Il n'appartient qu'à un artiste inspiré de traduire ainsi le deuil d'un peuple.

La journée du grand laborieux allait finir. Il pouvait en rendre compte avec fierté. A tout ce qu'il y a de bon dans les choses humaines, à la jeunesse, à l'espérance, à la charité, à la foi, au courage, il avait su communiquer la flamme du beau. La mort le surprit, l'outil à la main.

Tel était l'artiste. Ce que fut l'homme, est-il besoin de le redire ? Paul Dubois n'eut pas un ennemi. Il remplit de hautes fonctions et reçut tous les honneurs ; il porta dignement tout le poids de la célébrité. Mais ses deux seules passions furent pour son art et pour son foyer. Entouré de tendresse, ne se livrant qu'à quelques amis d'élite, il vécut indifférent et comme étranger aux bruits du dehors. Il cachait sa vie. On ne peut raconter de lui que son œuvre.

Ce fut dans la grande cour de cette École des beaux-arts, où il avait vécu vingt-sept ans, que la foule de ses admirateurs vint lui adresser le suprême adieu. C'était bien le cadre qu'il fallait à ses funérailles. Il y a dans ce lieu magnifique tant d'avenir et tant de passé ! Les génies d'autrefois entouraient le bon créateur de beauté ; l'auteur du *Narcisse*, de l'*Ève naissante* et de la *Jeanne d'Arc* s'en allait prendre place parmi ses pairs. A peine Paul Dubois avait-il exhalé son dernier souffle que déjà, pour sa pure mémoire, commençait un immortel lendemain.

EUGÈNE GUILLAUME [1]

Vous n'avez pas oublié la solennité qui consacra le centenaire de la villa Médicis. Pendant quelques jours, la vaste demeure sembla trop petite pour contenir ses hôtes. Les maîtres en cheveux blancs y fraternisaient avec leurs élèves. C'était la fête de l'espérance en même temps que celle du passé.

Pour ma part, je garde un souvenir particulièrement ému de la soirée qui précéda le banquet officiel. Le directeur de l'Académie avait réuni à sa table quelques amis ; des illustrations de l'école française s'y rencontrèrent avec les confrères de Saint-Luc. Au dessert, le maître de la maison se leva. Sa voix blessée par l'âge était peu faite pour dominer les grandes assemblées ; dans ce milieu intime, elle prenait un charme captivant. Eugène Guillaume ne fit pas un discours. Il laissa pendant

1. Notice lue à l'Académie des beaux-arts dans la séance du 9 novembre 1907.

quelques instants parler son cœur. On eût cru par
moment qu'il conversait avec lui-même. Il dit, sans
autre art que celui de l'émotion la plus vraie, toutes
les raisons que nous avons de chérir l'asile où depuis
un siècle la pensée française vient se recueillir. Il
termina par une sorte d'hymne d'amour à la France
et à l'Italie. Nous écoutions, comme on écoute une
belle mélodie d'autrefois. Jamais je n'ai compris
mieux que ce soir-là le sens profond de ce mot : l'autorité, et pourquoi certaines paroles, lorsqu'elles
sont prononcées par certains hommes, viennent nous
atteindre en plein cœur. Pour créer, avec si peu de
mots, tant de poésie austère et touchante, il fallait
le prestige de toute une vie de vertu. Telle avait été,
Messieurs, la vie d'Eugène Guillaume, et voilà pourquoi sa simple éloquence tombait de si haut.

« O sculpteur, disait Michel-Ange, ne cesse de ci-
seler en toi-même ta propre statue. » L'existence de
Guillaume fut conforme à cette loi magnifique. Je
ne prétends pas en dégager toute la leçon. Cette intelligence s'est manifestée sur tant de domaines
que je risquerais de me perdre à la vouloir suivre
partout. Statuaire, écrivain, philosophe, notre confrère s'est prodigué avec une abondance harmonieuse. Il a rempli toutes les charges que l'État
puisse confier à un artiste et il les a toutes égalées.
C'est le sculpteur surtout dont vous voulez qu'on
vous entretienne. Malheureusement pour moi, c'est
l'aspect de la multiple activité d'Eugène Guillaume
sur lequel il me reste bien peu à dire. L'artiste émi-

nent qui lui a succédé ici vous retraçait hier cette
carrière remplie d'œuvres. Avec une sincérité charmante, il se proclamait le disciple de celui dont il
faisait savamment l'éloge. Ce nom de maître, que
M. Allar donnait à son prédécesseur, souffrez qu'à
mon tour j'ose en saluer Guillaume. Moi aussi, j'ai
été son élève, dans un art moins glorieux que la sculpture, mais qui a ses difficultés et ses joies, celui de
servir les artistes et d'apprendre à les aimer.

A l'époque où Eugène Guillaume daigna me faire
le don précieux de son amitié, il était déjà plein de
jours. Presque toutes les grandes actions de sa carrière étaient accomplies. Il lui restait pourtant une
dernière tâche à remplir. Votre suffrage venait de
l'appeler à la direction de la villa Médicis. En même
temps, j'étais chargé de l'administration des beaux-
arts. « Nous avons débuté ensemble », aimait à me
répéter mon bienveillant ami. Ce n'était pas là seulement une de ces formules où excellait sa courtoisie.
Il pensait, avec une parfaite sincérité, que pour un
homme qui cultive sa conscience l'existence est un
début perpétuel. Il venait me demander de le conseiller; mais c'était moi qui, de nos entretiens, sortais
fortifié de bons conseils.

Était-ce donc un devoir nouveau pour Eugène Guillaume que d'aller diriger l'illustre maison où il avait
tant laissé de lui-même ? Avant d'obtenir le prix de
Rome, il était déjà Romain d'adoption. Très jeune,
il avait été voué, pour ainsi dire, à la villa Médicis.
Il me souvient d'une promenade que je fis en sa com-

pagnie dans les jardins Doria-Pamphili. Ces parcs romains sont, au coucher du soleil, d'incomparables lieux de méditation. Nous cheminions côte à côte. Il se taisait, écoutant les jeunes années chanter au fond de ses souvenirs. Tout à coup sa figure s'égaya, comme si une bouffée de printemps la ranimait. « Cher ami, me dit-il, et sa voix était tout amusée, vous voyez cet arbre ? » Et il me désignait un de ces pins parasols comme les aimait Poussin. « Eh bien ! poursuivit-il, j'ai grimpé à cet arbre ! Il y a bien long-temps ! J'accompagnais à Rome mon maître Pra-dier. « Regarde ce pin », me dit Pradier, « tu vas monter jusqu'à son sommet. » Je n'étais pas un gym-naste fort habile. J'avais, en outre, un pantalon blanc tout neuf que je craignais de mettre en lam-beaux. Pradier riait de mon embarras. « Allons, monte ! » cria-t-il, « nous allons voir si tu es digne d'avoir le prix de « Rome ». Cette formule magique me donna du courage et, ma foi ! j'arrivai jusqu'à la cime. Je n'avais pas déchiré mon pantalon blanc. Peu après la prophétie de Pradier se réalisait... »

Après quelques minutes de silence, Guillaume me dit, d'une voix redevenue grave : « Depuis, je suis monté sur bien des arbres ! Je me reproche de n'en avoir pas touché le sommet. »

Son visage s'était de nouveau voilé de mélancolie. Il me vint à l'idée que dans cette âme d'artiste, pas-sionnément éprise de beauté, persistait le regret d'avoir tant donné d'elle-même à d'autres soucis que ceux de l'œuvre d'art. Peut-être se cachait-il là une tristesse, presque une douleur. Guillaume regrettait les heures dérobées à l'atelier. Son atelier ! Le meilleur de son esprit était là pourtant, dans ce studio situé au fond d'une rue déserte. Il me fit un jour l'honneur de m'y donner rendez-vous. Autour de l'ébauche encore fraîche, les modèles des œuvres antérieures étaient alignés sous une couche de poussière. Le maître en passa la revue d'un regard rapide. Une pensée d'orgueil le rajeunissait. « C'est ici, s'écria-t-il, et ici seulement que j'aurai vécu ma vie véritable ! »

Il disait vrai. Son œuvre de sculpteur suffirait à sa renommée. Mais faut-il penser que de nos jours il y a danger pour un homme à refuser de se spécialiser ? Notre époque comprend mal ces intelligences encyclopédiques qui osent faire le tour de la vérité. Guillaume avait hérité des artistes de la Renaissance leur curiosité universelle. Il eût voulu exceller dans les sept arts. L'État y a gagné un serviteur dont il ne pouvait lasser le zèle. L'art français, hâtons-nous de le dire, n'y a rien perdu.

Comment la vocation s'éveilla-t-elle en lui ? Dans la capitale de sa province, tout lui parlait de beauté plastique. On respire à Dijon l'air du génie. Guillaume adolescent assistait à la triomphante maturité de Rude. Ses regards allaient des prophètes de la Chartreuse aux chefs-d'œuvre du maître contemporain. Quel milieu inspirateur pour quelqu'un qui a reçu l'étincelle sacrée ! La ville des ducs mettait son orgueil à demeurer digne de son passé. Dans l'école de dessin, fondée par Devosges, se dressait toujours le modèle antique. Prud'hon et Rude s'étaient formés là à son tour Guillaume y vint apprendre ses grammaires. Lorsqu'il osa, à dix-neuf ans, se présenter chez Pradier, rue de l'Abbaye, il apportait dans son bagage d'étudiant une riche provision de principes. Pradier, initiateur exquis, cultiva tendrement cette nature d'élite. Il la nourrit d'antiquité. A toute occasion, il montrait du doigt à son élève favori la route de Rome. Dès 1845, Guillaume partait pour la ville de ses rêves.

Il avait vingt-trois ans, et, avec les ambitions les plus hautes, l'esprit d'humilité et le pouvoir d'admiration. Rome allait être pour lui l'éducatrice sans pareille. « Qui a bien vu Rome, disait Gœthe, en garde du bonheur pour sa vie. » Rome mit sous les yeux de Guillaume la fête éblouissante de son passé. En même temps elle joua devant lui le prologue du drame de sa résurrection.

Les années qu'Eugène Guillaume passa à Rome, des premiers mois de 1846 à la fin de 1850, furent exceptionnellement tragiques au pays des grandes tragédies. Tout d'abord, il assista à l'explosion d'espérance qui salua l'avènement de Pie IX. La vieille idée guelfe semblait se rajeunir en la personne d'un pontife populaire. Guillaume s'enflamma pour ce noble rêve d'une nation ressuscitée par l'homme de Dieu. Cette belle chimère ne dura qu'un jour, dont le lendemain fut ensanglanté. Au lendemain de février 1848, la Révolution était partout. Dans Rome, un juriste venu de France, un de ces sages vaincus d'avance qui croient à la souveraineté de la raison, demandait une halte entre le monde qui devait périr et celui qui ne pouvait encore commencer. Bientôt Pellegrino Rossi tombait sous le couteau d'un assassin. Le Pape se retirait à Gaëte. L'implacable idée mazzinienne s'installait au Forum ; l'antique puissance des tribuns du peuple rentrait au Capitole. La France décidait alors d'intervenir. On imagine en quelle anxiété vivait notre colonie du Pincio. Le directeur, Alaux, et les pensionnaires assistaient à des événements dont le sens leur demeurait caché. Mais ces enfants de France, perdus dans l'Italie bouleversée, ne connaissaient que la religion du drapeau. Ils auraient eu honte de s'interroger sur les raisons de la querelle ; en pareil cas, la voix du devoir se confond avec celle du canon. M. Alaux prêchait à ses compagnons un calme qui n'était pas dans son cœur. La bonne humeur française fut la plus forte. L'Exposition des envois se fit comme d'habitude. Que nos jeunes lauréats qui vont partir pour Rome méditent cette date ! Il y a eu un chapitre héroïque dans l'histoire de notre bon vieux règlement.

Cependant le directeur de l'Académie résolut de faire quitter Rome aux pensionnaires avant le duel qui se préparait. Obtenir des tout-puissants triumvirs l'autorisation de prendre congé d'eux n'était pas d'une diplomatie facile. Eugène Guillaume fut désigné unanimement pour cette mission. Il prit ce jour-là une leçon de politique expérimentale dont il se

souvint toute sa vie. Les triumvirs siégeaient au
Palais de la Consulta : Saffi, toujours en uniforme de
garde national ; Armellini, semblable à un quirite
législateur ; et Mazzini, figure ascétique, capable
d'une terrible douceur. Mazzini se mit en frais de
séduction ; il protesta de la sympathie du pouvoir
révolutionnaire pour les hôtes de la villa Médicis.
Résister à un Mazzini rassurant, presque paternel,
des professionnels de la diplomatie y auraient renon-
cé ; notre plénipotentiaire improvisé ne se laissa
point séduire. Il s'était mis en tête qu'il triompherait
du machiavélisme tribunitien. A force de douce insistance, il obtint des passeports et des chevaux. Le
8 mai, les pensionnaires et leur directeur partaient
pour Florence. Ils avaient emporté avec eux le drapeau. Après la chute de la République Romaine,
ils revinrent achever leurs envois.

De cette aventure de sa jeunesse, il était resté à
Guillaume un sentiment, assez délicat à définir —
comment dirai-je ? — une certaine mansuétude résignée à l'égard des révolutions. Ses parents l'avaient
élevé dans le respect de la monarchie ; assurément,
il lui resta toujours de son éducation première une
préférence pour les gouvernements d'ancien style.
Mais on ne vit pas quatre-vingts ans sans voir la
vérité constitutionnelle revêtir des aspects successifs.
Sa rencontre avec Mazzini, la vision de la chevauchée
de Garibaldi, tous ces souvenirs d'une tempête où
s'ébauchait la création d'un peuple laissèrent à Guillaume un penchant à l'indulgence envers tous ceux

qui font l'histoire. On eût dit qu'il craignait, en se
prononçant contre tel ou tel tâtonnement du progrès,
de blasphémer une justice future. Aux divers gouvernements qui se succédèrent dans son pays, il se borna
à demander la permission de travailler avec eux à
l'œuvre française.

N'allez pas croire, au moins, qu'Eugène Guillaume
n'apprit à Rome que la politique. S'il avait déjà pris
l'habitude de mener son existence spirituelle en partie
double, il gardait à l'art le cœur de son cœur. Les
distractions du siècle ne purent le détourner de son
vrai chemin. C'était son éducation de statuaire qu'il
était venu parfaire au pays des modèles éternels.

Il venait de voir les rostres se relever pour une
heure, et retomber au silence. Sa rêverie s'envola
dans le passé. Songer, pour un artiste, c'est chercher
une forme à ses songes. Cet esprit de sédition qui
venait, encore une fois, de souffler sur le vieux sol,
comment s'incarnait-il aux temps héroïques ? Deux
fantômes des révolutions antiques apparurent alors
au jeune sculpteur, et il osa évoquer les Gracques
en face du Forum redevenu muet.

Il interrogea cette obscure tragédie devant laquelle
l'histoire hésite. Que voulaient exactement ces
stoïciens impatients qui tentèrent de refaire un monde
en une heure ? L'économique de ces grands seigneurs
démagogues passionne et déconcerte les savants.
Consciencieux comme il l'était, Guillaume dut relire
toutes les biographies anciennes et modernes. Mais
toute l'archéologie du monde eût été impuissante à

l'inspirer. L'art possède, pour pénétrer la pensée des morts, un secret que l'érudition ne connaît pas.

Guillaume eût obtenu, par un miracle de thaumaturgie, que les Gracques revinssent poser devant lui, qu'il les aurait faits moins ressemblants, non point à ce que fut leur figure périssable, mais à la double image idéale qui subsiste d'eux dans l'âme populaire. Avec cette seconde vue de l'artiste, où il y a du sortilège, il nous a rendu les deux frères sous leur aspect d'immortalité. Ont-ils, ces deux créateurs d'illusions, commis le crime de promettre un bonheur dont ils ne disposaient pas ? Quelle énigme se cache sous leurs fronts superbes et bornés ? Leurs lèvres semblent frémir encore de la harangue interrompue. Les voici conformes à la vision que se fait d'eux leur éternelle cliente, la crédule et souffrante humanité. Prophètes imprudents, peut-être funestes, héroïques à coup sûr, du moins achetèrent-ils de tout leur sang le droit de réclamer un ordre nouveau. On a vu certains de leurs arrière-neveux acquérir ce droit à moindre prix. Leurs meurtriers les divinisèrent après le supplice, et leurs images furent dressées dans les temples auprès de celles des dieux. Des statues tardives, c'est ainsi qu'en politique s'exprime le remords. Ces idoles expiatoires ont péri. Il appartenait à la piété d'un moderne d'en ranimer la poussière. L'œuvre d'Eugène Guillaume semble dérobée à l'autel domestique devant lequel pleurait Cornélie.

Lorsque l'auteur du *Tombeau des Gracques* revint de Rome, la célébrité avait commencé pour lui. Nous ne

disons pas : la fortune. Le retour à Paris, après le
séjour à la villa Médicis, est toujours une redoutable
épreuve. Les plus vaillants ont senti leur énergie
mollir à ce premier contact avec la vie. Par bonheur,
il s'est trouvé des cœurs généreux pour adoucir aux
jeunes artistes l'amertume de ce passage. Hier encore,
un don magnifique, qui portera le nom d'un grand
peintre, prouvait que notre Académie de France
possède d'incomparables amis. La génération d'Eugène Guillaume n'était pas aussi favorisée. Il lui
fallait faire son entrée dans l'inconnu sans autre sou-
tien que son courage. Guillaume trouva le secours
immédiat dans la protection paternelle de Pradier.
Cette sorte de parenté adoptive, qui unit le patron à
son disciple, est une des plus anciennes, une des plus
nobles traditions de notre école ; les maîtres d'aujourd'hui ne sont pas disposés à la laisser périr.
Jamais Guillaume n'oublia avec quelle bonté ingénieuse et délicate Pradier lui épargna les découragements ; cinquante ans après, il en parlait avec des
larmes dans les yeux. « Heureux, a-t-il écrit, ceux qui
sont restés les amis de leurs maîtres ! En vieillissant,
ils s'aperçoivent que la reconnaissance qu'ils leur ont
gardée est un des meilleurs sentiments qu'ils aient
portés dans la vie ! »

Au patronat est toujours venue s'ajouter cette
camaraderie fraternelle dont sont nées tant d'heureuses collaborations. L'amitié d'un architecte, déjà
célèbre, fournit bientôt à Eugène Guillaume une nouvelle occasion de s'affirmer. Dans les bas-reliefs de

la vie de sainte Clotilde le Romain d'hier, le néo-
grec anacréontique demanda aux artisans du moyen
âge leur leçon de candeur et de simplicité. L'histoire
sacrée exaltait cette âme profondément religieuse.
Imagier de Bourgogne, Guillaume se sentait aussi le
compatriote de Pierre le Vénérable et de saint Ber-
nard. Il y avait dans ce statuaire un théologien qui
rêva toujours aux noces idéales de la Foi et de la
Raison. Un de ses pèlerinages de prédilection avait
été ce cloître de Sainte-Marie-Nouvelle où se voit le
triomphe de Thomas d'Aquin. Là éclate la gloire
dominicaine. Par sa promptitude à l'indulgence,
Guillaume était plutôt, à vrai dire, de tempérament
franciscain. Mais sa piété de croyant philosophe
habitait aussi la somptueuse cour spirituelle dont les
peintres de la chapelle de Florence ont entouré le
saint des Prêcheurs. Les quatorze vertus y vivent
en bonne intelligence avec les docteurs de tous les
âges ; Abraham et Justinien ne s'étonnent point d'y
rencontrer Cicéron. La Grammaire, la Géométrie, la
Jurisprudence, la Rhétorique siègent en voiles de
vierges auprès de la Charité. L'hérésie s'écroule
lamentablement sous les pieds de l'Ange de l'École.
Guillaume se sentait assez solide dans son orthodoxie
pour ne maudire personne. Son néo-thomisme était
pitoyable même à Averroès. En art, en philosophie,
en histoire, il professait un éclectisme souriant. Aussi,
quelle que fût sa préférence pour les héros de la douceur, a-t-il pu se complaire pendant de longues
années dans l'intimité de Napoléon.

Il aimait à scruter les âmes profondes. Il tenta de fixer les images successives de celui que le poète a nommé : « le passant prodigieux ». Du maigre lieutenant d'artillerie au captif défiguré de Sainte-Hélène, dix hommes différents apparurent à l'univers. Guillaume suivit une à une les métamorphoses de cette volonté formidable. Ce fut une des plus grandes tâches de sa vie.

Il n'était pas seulement le portraitiste des morts héroïques. Des contemporains, des amis, Baltard, Hittorff, posèrent devant lui. On a dit du *Berlin aîné* d'Ingres, qu'il n'était pas seulement l'effigie d'un individu, mais le vivant symbole d'une caste. Ce don de généraliser un type se retrouve dans le buste que Guillaume fit de François Buloz. Quelque chose de la force romaine s'y voyait encore ; mais, disait un spirituel commentateur, inventer la *Revue des Deux Mondes*, n'est-ce pas être de la race des fondateurs d'empire ?

Le buste de Mgr Darboy est un pur chef-d'œuvre. Guillaume rendit au deuil public l'effigie d'une noble victime, mais c'était mieux qu'un portrait ressemblant. Le visage transfiguré du bon pasteur s'embellissait de toute la majesté du martyre et de toute la sainteté du pardon.

Pendant des années, sans se lasser jamais, et sans jamais se satisfaire, Guillaume travailla au groupe du *Mariage romain*. Rien de plus simplement solennel que ce couple dont les mains enlacées symbolisent l'union de deux âmes austères. Guillaume voulait que d'un bloc de marbre se dégageât une idée maîtresse. Son *Mariage romain* n'était pas seulement pour lui un prétexte à de nobles attitudes et à d'amples draperies. Ces deux époux, ce jeune consulaire, cette vierge de la famille des Scipions, sont de Rome sans doute, mais quelque chose de la douceur chrétienne s'ajoute à leur dignité. Une loi meilleure que celle du Forum scelle leur pacte d'amitié. Ici le droit romain s'est attendri. Guillaume mit dans cet ouvrage son idéal de la vie domestique ; il y exprima son respect de la loi et son culte de l'amour.

Il avait désiré tout connaître des disciplines de son art et en posséder toute la technique. Mais ce métier, qu'il rapprenait chaque jour, il le rêvait serviteur de l'idée. Sur les luttes qu'il faut livrer à la matière, il a écrit des pages inoubliables. Il voulait que l'artiste sortît triomphant de ce combat et qu'il pût dire à l'inerte adversaire : « Tu es vaincue ; en te rendant belle, je t'ai contrainte à penser ! »

L'orgueil de cette victoire, il l'exprima dans la statue d'*Orphée*. Le poète dresse sa lyre dans le ciel et tout son être frémit. C'est le *vates* qu'un souffle divin domine. Œuvre admirable où le style ne perd rien de sa pureté en se faisant fougueux. Guillaume fit, ce jour-là, le plus passionné de ses ouvrages. « Avec un pareil sujet, disait-il finement, il fallait perdre un peu la tête. » Ceux qui aiment à demander à un artiste d'être un autre que lui-même, lui ont reproché parfois de n'avoir pas perdu la tête plus souvent. Mais quoi ! il y aura toujours, pour nous consoler des timidités trop consciencieuses, tant de gens dont le génie consistera à perdre la tête à tout propos.

Chez cet infatigable travailleur veillait un analyste un peu inquiet, toujours en proie à ces doutes que la médiocrité ne connaît pas. Nourri de Dante, Guillaume trouvait beau que le poète ait placé les artistes dans le Purgatoire, au lieu de l'épreuve et de l'espérance. Il vivait, lui, dans l'angoisse de la vérité. Il n'aimait pas seulement son art à lui, il voulait aimer aussi celui des autres. Tout en admirant son époque, peut-être l'eût-il souhaitée plus organique et plus homogène. Ce théoricien de l'ordre, qui croyait à l'efficacité de l'esprit d'obéissance, se trouvait parfois un peu dépaysé au Salon annuel. Au fond du cœur, il gardait la nostalgie des civilisations disciplinées. Le moment de l'histoire où il se serait senti en parfaite sécurité d'esprit eût été cette heure radieuse de l'épanouissement du génie florentin. Il se voyait volontiers parmi les convives du banquet de Laurent le Magnifique. Il eût aidé Marsile Ficin à entretenir la lampe qui brûlait nuit et jour devant le buste de Platon. Il eût vieilli glorieusement en regardant vivre et mourir l'âme de Florence. Au déclin de son âge, après avoir sculpté l'image d'une de ces patriciennes lettrées dont la grâce enchantait le siècle, il eût aimé à terminer sa journée de travail par un sermon de Savonarole. Le terrible apôtre lui eût inspiré une vénération mêlée d'effroi. Peut-être aurait-il tenté d'assouplir cette conscience de fer et de lui faire comprendre qu'il ne faut pas trop exiger de l'humanité. Il eût suggéré aux moines de Saint-Marc une solution de juste milieu, un mélange de la suavité platonicienne et de l'esprit biblique, la réconciliation des deux antiquités dans une loi de beauté et d'amour. A coup sûr, il se serait séparé de Savonarole le jour où le réformateur exigea un holocauste d'œuvres d'art. Proscrire, condamner, haïr, cela Guillaume ne le pouvait pas.

Après avoir si longtemps prêché d'exemple, il était mûr pour la prédication des préceptes. En lui confiant la direction de l'École des beaux-arts, le gouvernement sanctionnait un choix que les artistes avaient fait avant lui. Guillaume resta douze années dans ce grand poste. Ce qu'il y fut, ai-je besoin de le rappeler, à vous qui avez été ses collaborateurs ou ses élèves ? Il fit de sa chère école une cité d'ateliers en rumeur, en même temps qu'une Sorbonne de la beauté. Il eut parfois des luttes à livrer. En 1864, le défaut de la jeunesse n'était pas dans un excès de docilité. Mais il savait toucher aux susceptibilités d'une main si légère ! Il possédait pour enseigner la recette suprême. Il pouvait beaucoup sur la jeunesse : il l'aimait.

Elle aussi l'aima d'une tendresse parfois un peu intimidée, mais sincère et fidèle. Sa tradition n'est pas oubliée. A Athènes, lorsqu'un cosmète sortait de charge, il rendait ses comptes à la Cité. Avait-il maintenu les éphèbes de son collège en bonne santé

du corps et de l'âme ? Leur avait-il imposé le respect
des grammairiens et la crainte salutaire des dieux ?
Si sa magistrature était approuvée, son buste était
dressé dans le gymnase et les jeunes gens y sus-
pendaient des fleurs. Le cosmétat d'Eugène Guillaume, n'est-il pas vrai, Messieurs ? c'est une date
heureuse, et qui vous est chère, dans l'histoire de
notre éphébie.

Il eût volontiers achevé sa vie, entre l'École des
beaux-arts et son atelier. Ses meilleurs loisirs appar-
tenaient à notre Académie. Depuis 1862, il était des
vôtres. Il considéra toujours que, dans sa carrière
comblée d'honneurs, la plus intime récompense lui
avait été décernée ce jour-là. Comment ne se serait-
il pas donné tout entier à une compagnie qui porte,
dans la société moderne, un nom platonicien ? Pendant presque un demi-siècle, il participa à vos travaux. Vous auriez voulu l'avoir plus complètement à
vous. Toutefois dans sa vie encombrée de devoirs,
le devoir académique primait tous les autres.

Vie encombrée, ai-je osé dire ! et je me repens de
cette parole. Les instants qu'un homme consacre
au bien public ne sont pas des instants perdus. L'autorité qu'avait conquise Eugène Guillaume, son aptitude à toutes les présidences, le désignaient pour
les magistratures difficiles. Cédant aux sollicitations
d'un ministre ami, il consentit à quitter l'École et
accepta la Direction des beaux-arts. C'est une des
dignités les plus enviables que puisse recevoir un
administrateur. Mais, me croirez-vous ? c'est une

fonction essentiellement contraire à la méditation. Un des sulpiciens qui furent les maîtres de Renan disait, après avoir lu les débats de la Chambre des députés : « Comme on voit que ces gens-là ne font pas oraison ! » Un directeur des beaux-arts, quelque tristesse qu'il en éprouve, doit renoncer à l'oraison pour tout le temps où il reste en charge. Il lui serait pourtant bien nécessaire de se recueillir, ne fût-ce que pour discerner son devoir dans la mêlée des doctrines et des ambitions ! Mais, au moment où il va entrevoir un peu de vérité morale, on le demande à la commission du budget. Il n'y a pas de démarche plus honorable ; il n'en est point de plus contradictoire au principe d'extase. Eugène Guillaume était habitué à une activité moins dispersée. Il garda toujours de son trop court séjour, rue de Valois, une certaine impression de tumulte qui lui causait de la mélancolie. Il disait, plus tard : « Qu'il est difficile, quand on est là, de ne pas faire de mal ! » Il y resta peu, mais assez pour y créer beaucoup de bien.

Fonctionnaire d'un régime républicain, il pensait que le plus précieux service qu'on pût rendre à la démocratie était de l'affiner et de l'anoblir. Il voulut répandre dans le pays tout entier la notion du beau. Il créa un enseignement rationnel et donna une méthode à toutes les industries qui vivent du dessin. En quelques mois, cette grande œuvre fut accomplie ; ses bienfaits durent encore.

Cependant, au ministère de l'instruction publique et des beaux-arts, s'installait une forte volonté réformatrice. Une amitié déjà ancienne unissait Guillaume à Jules Ferry. Entre ces deux graves esprits la collaboration eût été féconde. Ferry désirait garder près de lui ce rare conseiller, mais Guillaume estimait que son œuvre administrative était terminée. Il aspirait à une vie moins fiévreuse. Il s'ennuyait de son atelier. Jules Ferry lui rendit à regret sa liberté. « Cher ami, disait l'artiste à l'homme d'État, n'oubliez pas que je suis sculpteur. Rendez-moi à mon art. Si vous le voulez bien, je ferai votre buste. » Il l'a fait, ce buste. Il nous a donné le Ferry de la période d'espérance, type de ténacité montagnarde et de courage tranquille. Avec cette calme sculpture de Guillaume, avec l'incomparable portrait de Bonnat, ceux qui pleurent en Jules Ferry le chef sans reproche et sans peur retrouvent son visage tel qu'il était avant que l'injure des partis ne l'eût assombri. « Pour bien juger certains hommes, a écrit Guillaume, il faut être éclairé par l'affection. » En art aussi, l'amitié est bonne conseillère.

Peu après la mort de Charles Blanc laissa vacante la chaire d'esthétique au Collège de France. Le vote spontané des professeurs désigna Guillaume. Occuper une chaire magistrale dans la maison du libre examen, c'était un de ses rêves les plus chers. La doctrine qu'il professa au Collège de France n'avait rien de cette raideur dogmatique qui a fait à l'esthétique tant d'ennemis dans les ateliers. Les artistes se méfient des théories, surtout lorsqu'elles sont professées, ne disons pas par des profanes, disons par des laïques. Cette fois, c'était un des leurs qui parlait, avec une sagesse prudente, des choses qu'il connaissait le mieux. Le nouveau professeur d'esthétique ne cédait rien des principes essentiels. En face de la frénésie des nouveautés, il maintenait la majesté des grammaires. Mais il savait aussi combien la figure du beau est complexe et changeante. Il refusait de croire avec Hegel — un laïque — que les destinées de l'art pussent être jamais accomplies. « Tant qu'il y aura, disait-il, un œil humain pour voir la nature, l'idéal renaître sous mille formes. » C'est la tristesse et la grandeur de l'artiste de courir éperdument vers un but qui s'éloigne sans cesse. « L'idéal, s'écriait Guillaume, il nous échappe, il nous fuit. N'importe ! il faut toujours reprendre la poursuite. » Il découvrait mieux que personne par quels chemins avaient marché les aïeux ; il suivait sur toutes les routes la course parfois désordonnée des vivants. A tous les poursuivants, quels qu'ils fussent, il ne demandait qu'une foi sincère.

Cette compréhension, si large, si souple, si humaine, jamais Guillaume ne la prouva plus magistralement que dans son apologie de Michel-Ange. Lorsque l'Italie organisa l'apothéose du grand Florentin, Guillaume fut désigné pour représenter la France à ce jubilé du génie. Il tint à laisser le témoignage des sentiments qui l'avaient guidé dans ce pèlerinage. Guillaume a beaucoup écrit. Lorsque l'Académie française l'appela à elle, elle n'eut garde d'oublier parmi ses titres son étude sur Michel-Ange sculpteur. Parmi tant de belles pages qu'il a signées, il n'en est pas de plus profondes. Quelle merveilleuse méthode que l'admiration ! A force de ferveur, ce paisible théoricien de la mesure nous sert de guide à travers l'œuvre de celui que posséda le génie du démesuré. Un voyage dans la pensée de Michel-Ange, c'est une aventure dantesque, quelque chose comme une visite au pays défendu de l'au delà. Un conducteur virgilien nous précède et devant lui les noires fumées s'évanouissent. Le héros nous apparaît dans la lumière.

Cette vie inimitable, que l'art a ravie et torturée, Guillaume l'étudie heure par heure. Il voudrait s'attarder sur la jeunesse heureuse, alors que le statuaire du *Bacchus* caressait l'image d'un dieu joyeux et insensé. Mais la source de volupté ne pouvait pas désaltérer cette âme. L'idéal antique ne lui suffisait pas. Ce que Michel-Ange voulait arracher à la matière, c'était une forme impérissable pour son christianisme inassouvi. Parmi toutes les œuvres du maître, il en est deux devant lesquelles nous arrête complaisamment son pieux historien : la *Déposition* du Dôme de Florence et la *Pieta* de Saint-Pierre. Lorsque Michel-Ange posa le Christ sur les genoux de sa mère, il n'avait pas encore épuisé l'amertume de la destinée. Il consentait encore à donner de la grâce à la douleur. Mais voici venir les heures de tristesse et de colère. Le front du *Pensieroso* se courbe sous un fardeau de remords. La civilisation romaine, si vaine de son charme, se réveille du rêve le plus

coupable que puisse faire un peuple : être une patrie
sans soldats. L'Italie n'est plus libre et Vittoria Co-
lonna est au tombeau. La bouche adorable s'est tue
qui disait les paroles d'espoir. Citoyen sans foyer,
poëte sans muse, le sublime sculpteur pousse ce cri
désespéré : « J'ai rogné les ailes de mon âme ! » Son
tragique testament, il l'exprime dans ce groupe mu-
tilé, meurtri, dont il nous faut deviner la forme dans
l'ombre de Sainte-Marie-des-Fleurs. Écoutons Guillaume en commenter le mystère :

« C'est, dit-il, le plus intimement personnel et le
plus pathétique des ouvrages de Michel-Ange. L'idée
de la pénitence s'en exhale. Dans la pénombre où il
est placé, l'œil le scrute et s'en repaît avec une avidité insatiable. La lueur incertaine qui vient des fenêtres éloignées, la lumière qui change selon les
heures du jour et les brusques alternatives d'ombre
et de clarté produites par les nuages qui traversent
le ciel ajoutent leurs effets inattendus à ce que
l'ébauche a de saintement poétique et à ce qu'elle
inspire de mélancolie. L'effort du grand artiste, son
effort suprême, marqué dans cet ouvrage inachevé
et qu'il avait mis en pièces, semble témoigner
d'une défaite de son génie aux prises avec l'idéal.
On sent, en présence de cette apparition, que
son âme habitait un monde invisible et son désespoir nous dévoile les incurables tristesses qui,
chez l'homme moderne, se mêlent à l'amour de la
beauté. »

Telle était, Messieurs, chez Eugène Guillaume,

l'écrivain, disons mieux : l'interprète du sens caché des choses.

A ce penseur, à ce docteur, à cet artiste irréprochable, il restait un suprême exemple à donner. Il était logique, il était beau que sa vie s'achevât sur ce Pincio où ses enthousiasmes juvéniles s'étaient éveillés. Il fit au foyer une rentrée d'aïeul. La villa Médicis eut ses énergies dernières ; elle recueillit son dernier soupir. La présence de son esprit y persiste. Chers jeunes amis, qui serez demain sur la colline, regardez bien à travers les chênes du Bosco ; une ombre douce s'attarde sous leur ombre. Sachez interpréter ce qu'elle murmure. C'est un art aussi que d'écouter les voix lointaines. Lorsque le fils d'Ulysse partit pour la pieuse aventure, la déesse lui conseilla de commencer par une visite à Pylos. « Va-t-en droit, lui dit-elle, vers Nestor, dompteur de coursiers. Il est doué d'une parfaite sagesse et ne te dira point de mensonges. » — Des lèvres de Nestor les paroles coulaient douces comme le miel. Il avait déjà vu deux âges d'hommes nés et nourris avec lui dans la divine Pylos ; il régnait maintenant sur le troisième âge. Télémaque obéit à Minerve. « Mais, demande-t-il, comment aborderai-je le vieillard ? — Va ! répond la déesse, tu trouveras toi-même en ton cœur une partie de ce qu'il faut dire. Le reste, un dieu te l'inspirera ! »

GIUSEPPE VERDI [1]

———

PENDANT le carnaval de 1842, on répétait à Milan un opéra nouveau. L'atmosphère de la Scala semblait changée. Tous les ouvriers du théâtre désertaient leur travail pour venir écouter les répétitions. Des murmures d'admiration étonnée interrompaient les chanteurs. «*Che fota nova !* » (Quelle chose nouvelle !) se disait, en son parler milanais, ce premier public. Le soir de la représentation, le maëstro vint, selon sa coutume, s'asseoir à l'orchestre entre une contrebasse et un violoncelle. Dès le finale du premier acte, les applaudissements allèrent le chercher à cette modeste place. La soirée ne fut qu'un long triomphe. Un chœur, surtout, souleva une tempête de bravos. Des Hébreux captifs chantaient la patrie lointaine et la liberté perdue. Dans cette paraphrase du *Super flumina Babylonis*, la mélancolie se faisait mena-

———

1. Notice lue à l'Académie des beaux-arts dans la séance du 7 novembre 1908.

çante. Un vent d'espérance passa sur la foule. Le lendemain, il n'était question, dans tout Milan, que de *Nabucco*. On se répétait le nom du compositeur, un nom bref, sonore comme un appel aux armes : Verdi ! Un artiste, presque inconnu la veille, entrait brusquement dans la renommée ; le choral de l'indépendance italienne venait de lancer son premier défi.

D'où sortait-elle cette jeune voix un peu rude, mais si mâle et si franche ? « *Sono un paesano !* » aimait à répondre Verdi, lorsqu'on l'interrogeait sur ses origines. Ses parents tenaient une auberge à Roncole. Son acte de naissance, daté du 12 octobre 1813, est rédigé en langue française. Le territoire du Taro formait « un de nos départements au delà des Alpes ». Sous la main souveraine de Napoléon, l'Italie du Nord jouissait au moins de la sécurité. Mais voici venir pour elle de dangereux libérateurs. Les armées austro-russes terrorisent les villages. La femme du locandiere de Roncole s'enfuit, épouvantée, en serrant son enfant dans ses bras. L'église du village lui offre un asile. Tandis que le massacre et l'incendie font rage au dehors, la mère éperdue monte jusqu'aux cloches avec son précieux fardeau. Elle attend là que la horde furieuse ait terminé son œuvre de carnage. Son fils est sauvé. Cette fragile vie, qui devait être si forte, devait son salut au clocher natal. Sous l'humble toit de l'église de Roncole, Verdi avait reçu comme un second baptême.

Les *Enfances Verdi* font un touchant poème villageois. Pour cadre, cette nature, solennelle et triste, qui se prosterne au pied de l'Apennin. Une masure au milieu des chanvres et des maïs : c'est l'osteria tenue par Carlo Verdi et sa femme. L'enfant grandit dans l'humble auberge. Il est songeur, silencieux et docile. Parfois un musicien ambulant fait halte devant la pauvre demeure. Giuseppe quitte aussitôt son travail ou ses jeux ; il écoute, en extase, les sons que le mendiant virtuose tire d'un mauvais violon. Le curé lui fait servir la messe. Un jour de fête, l'enfant de chœur a failli négliger le service divin ; l'orgue lui avait donné trop de distractions. De retour au logis, il supplie son père de lui permettre d'apprendre la musique. Un vieux prêtre du voisinage a justement une épinette à vendre ; on en fait don à l'enfant ravi.

Cette épinette, Verdi la conserva toujours comme une relique et comme un talisman. Elle occupait une place d'honneur dans sa villa de Sant'Agata. Un jour, un des familiers du maître eut la curiosité d'explorer le vieil instrument. Sous un des marteaux du clavier, il découvrit l'inscription suivante : « Par moi, Stefano Cavaletti, furent faits à nouveau et garnis de cuir les sautereaux de cette épinette, à laquelle j'ai adapté une pédale. Et j'ai fait gratuitement ces sautereaux en voyant les bonnes dispositions que montre le jeune Giuseppe Verdi pour apprendre à sonner ledit instrument. » — Qu'était-ce que Stefano Cavaletti ? Une de ces âmes de candeur comme on en trouve quelquefois au village, et plus souvent dans les contes de fées.

Avec une épinette pareille, comment le protégé

de Cavaletti n'aurait-il pas fait des progrès merveilleux ? A onze ans, Verdi était titulaire de l'orgue
de Roncole ; il touchait un traitement annuel de
trente-six francs sans compter le casuel. Avec la
quête qu'il faisait, à son profit, au moment de la
récolte du blé, il réalisa des années de cent francs.

Je m'oublierais volontiers, Messieurs, à rappeler
un à un les épisodes de cette vaillante et austère
enfance. Tout y exhale un parfum salubre ; c'est l'air
des champs qui monte à la tête, avec l'odeur des
humbles vertus. Le petit villageois de Roncole n'eut
que de pauvres gens pour mécènes. C'est d'abord
Antonio Barezzi, un distillateur de Busseto chez qui
Giuseppe entra comme apprenti. Ce Barezzi jouait
habilement du cor, de la clarinette, de la flûte et de
l'ophicléide. La Société philharmonique du bourg
tenait ses assises dans sa maison. C'est encore le
maître de chapelle de la cathédrale, Giovanni Provesi, un peu compositeur et bon technicien. Provesi
donna à Verdi les premières leçons de contrepoint.
« Tu deviendras un maître », lui prédisait-il. Chez son
patron Barezzi, tout parlait de musique à l'apprenti.
La demoiselle de la maison, Margherita, possédait
même un piano, un vrai piano de facture viennoise.
Tous ces braves gens ne songeaient qu'à encourager
la vocation de leur jeune ami. Verdi resta, jusqu'à sa
seizième année, dans ce chaud milieu de confiance et
d'affection. A cet âge, sa résolution est prise ; il sera
compositeur. Le Mont-de-Piété de Busseto lui accorde
une bourse pour lui permettre de se rendre à Milan.

Il part pour la grande ville. N'ayant pu être admis au Conservatoire, il choisit pour professeur le *maestro al cembale* du théâtre de la Scala. Vincenzo Lavigna prévoit l'avenir de son élève. Il le note ainsi : « Giuseppe est un brave jeune homme, studieux, d'une grande intelligence. Un jour viendra où il me fera grand honneur, ainsi qu'à sa patrie. »

A vingt ans, Verdi est grand homme au village. Il est maestro communal de Busseto, aux appointements de trois cents lires. Il compose des hymnes, des sérénades, des marches militaires que la banda municipale exécute, chaque dimanche, après les vêpres. Cependant Margherita Barezzi, la demoiselle qui possédait un piano viennois, était devenue une belle jeune fille. En chantant ensemble les mélodies des maîtres, les deux jeunes gens s'étaient fiancés. Giuseppe demande et obtient la main de Margherita. Ses apprentissages sont finis. Il va s'établir à Milan avec sa jeune femme. Toutes les hautes ambitions lui sont venues.

Quel tempérament s'était formé à cette école du grand air ? Cette âme ardente, ramassée, volontaire, aspirait passionnément à l'action. Pour les artistes dominateurs, l'action c'est le théâtre. Un vœu guerrier les consacre à cet art de hasard et de défi. Ce maigre jeune homme de vingt-trois ans, aux yeux impérieux, aux lèvres serrées, au visage ravagé par le rêve, a tout en lui d'un combattant. Il ressemble aux soldats des anciennes guerres, durs marcheurs et bons porteurs de fardeaux. Le théâtre est une

citadelle qu'il faut prendre de haute lutte. Il monte
à l'assaut.

Avec quelle fougue et quelle audace, on le sait !
D'aucuns prétendent qu'on ne le saurait déjà plus.
Entendent-ils par là que *Oberto di San Bonifacio*,
représenté à Milan le 17 novembre 1839, n'était pas
un parfait chef-d'œuvre ? Les spectateurs de la Scala
eurent leurs raisons pour admirer cet essai de jeunesse. L'impresario du théâtre offrit à Verdi un
traité de quatre mille lires autrichiennes par ouvrage
nouveau ; il lui commanda même un opéra bouffe.
Mais, en même temps, le deuil entrait dans la modeste
maison de la Porta Ticinese. Laissons parler Verdi
lui-même : « Mon bambino tombe malade. Les méde-
cins ne parviennent pas à découvrir la cause de son
mal, et le pauvret, languissant, s'éteint dans les bras
de sa mère, folle de désespoir ! Cela ne suffit pas. Peu
de jours après, ma fille tombe malade à son tour, et
sa maladie aussi se termine fatalement. Mais ce n'est
pas tout encore. Aux premiers jours de juin, ma
jeune compagne elle-même est atteinte d'une encé-
phalite aiguë, et le 19 juin 1840, un troisième cercueil sort de ma maison. J'étais seul... Seul ! Et, au
milieu de ces terribles angoisses, il me fallait écrire
un opéra bouffe ! »

Verdi payait sa dette à la douleur. La terrible
créancière le soumit cruellement à la loi commune.
Mais c'était la seule visite qu'elle devait faire à ce
grand heureux. On dirait qu'elle n'osa plus rien réclamer à cet homme, à qui elle avait tant pris en une

seule fois. Verdi faiblit sous le poids de ses chagrins. Son second ouvrage, ce *Giorno di Regno* conçu dans les larmes, réussit médiocrement. Il eut alors cette heure de renoncement qu'ont connue les volontés les mieux trempées. Il jura même de renoncer au théâtre.

Serment d'artiste. Bientôt, après la lecture d'un poème tiré de la Bible, l'inspiration de Verdi se réveillait. J'ai dit le triomphe que remporta *Nabucco*.

« *Che fola nova !* » Ce cri des ouvriers de la Scala fut répété par toute l'Italie. Le lendemain de cette soirée victorieuse, un voyageur partait pour Bologne. Il était grave et silencieux ; ses compagnons respectaient sa rêverie. « Ah ! c'est beau ! c'est très beau ! » murmurait-il, en songeant aux mélodies de *Nabucco*. Ce voyageur était Donizetti.

Le nouveau venu arrivait à son heure. La souveraineté de la musique italienne semblait en péril. Bellini venait de mourir. Le suave Sicilien n'avait fait que passer sur la terre du plaisir. Il avait été tout amour. Cette voix, si fragile et si pure, avait dit la cantilène des âmes blessées. Et puis, brusquement, la plainte de Norma s'était évanouie dans la clarté lunaire. Une autre voix, la plus riche de toutes, se condamnait volontairement au silence : Rossini se taisait. Le roi de la scène italienne, — lassitude, orgueil ou caprice ? — avait abdiqué. Il menait au loin la vie nonchalante d'un monarque en exil. Déjà la verve de Donizetti, légère et féconde, trahissait la fatigue. L'opéra, cette création du génie italien, cherchait celui qui viendrait le ranimer et le rajeunir.

Des besoins nouveaux travaillaient les âmes. Ces maîtres d'hier : Bellini, avec sa délicieuse tristesse enfantine ; Rossini, si abondamment joyeux ; Donizetti, insouciant et facile, avaient bercé la génération brisée par les guerres de l'Empire. Ils s'étaient faits les complices charmeurs de cette molle Italie où Stendhal goûtait, en égoïste, la douceur de vivre. Tous trois consentaient au sommeil des volontés. Avec eux la musique italienne s'était appelée joie et indifférence ; après eux, livrée à l'innocente tyrannie des virtuoses, allait-elle se perdre en de vains bruits ? Il fallait à l'Italie « des années quarante », des conseils d'espérance et d'énergie. Chez ses poètes grondait un stoïcisme désespéré. « O ma patrie ! s'écriait Leopardi, que de blessures ! Quelle pâleur livide ! Pleure, ô mon Italie, reine de beauté ! » C'était du renoncement encore. Tandis que la musique gazouillait comme un oiseau captif, la poésie ne savait que gémir. Une nation qui veut vivre n'a que faire ni des roulades, ni des sanglots. La patrie de la musique demandait un chanteur qui lui parlât le langage des forts. Ce chanteur a été Verdi. Il apporta la vérité dramatique à un art qui se mourait de frivolité. Il prêta son verbe violent et clair à une âme qui voulait être bouleversée.

On raconte qu'avant la représentation des *Lombardi*, Verdi alla voir la Frezzolini dans sa loge. « Soyez sans inquiétude, lui dit la belle cantatrice. Je mourrai en scène, s'il le faut, mais nous triompherons ! » La Frezzolini prononçait là, sans le vouloir, une parole hi torique. Mourir en scène ! C'était, avec toute l'emphase méridionale, dire un adieu solennel à l'art de mensonge et de facilité. La vérité humaine s'emparait victorieusement de ce théâtre dont les vi tuoses des vocalises auraient fait une insouciante volière.

A quelles sources le jeune novateur allait-il puiser ses inspirations ? A toutes les grandes créations du génie poétique. Ses excitateurs, c'était tantôt le Tasse, tantôt Shakespeare, tantôt Schiller, tantôt le plus glorieux des contemporains, Victor Hugo. Avouons-le, entre les mains de librettistes pressés, certains chefs-d'œuvre subirent de hardies modifications. Ni le Tasse, ni Shakespeare, ni Schiller ne pouvaient se plaindre. Victor Hugo faillit se fâcher ; il comprenait mal qu'une de ses conceptions fût repensée par un autre. Verdi apportait dans ses emprunts autant de témérité que d'innocence. Il estimait que la musique a sur toutes les créatures, qu'elles soient des filles de la réalité ou des filles du rêve, un droit supérieur d'adoption. « Rappelez-vous, disait-il aux librettistes dont il entendait rester le maître ; rappelez-vous que je suis un homme de théâtre. Ce qu'il me faut à moi, ce sont des caractères et des situations. » Et les œuvres succédaient aux œuvres avec une sorte de furia : *Ernani, les Deux Foscari, Alzira, Attila, Macbeth, I Masnadieri.* « Le temps, dit un proverbe, ne respecte pas ce qui a été fait sans lui. » Peut-être s'est-il vengé trop sévèrement de ces pages rapides.

Mais quoi ! un révolutionnaire, c'est toujours quelqu'un d'un peu pressé. Verdi, tout à l'ivresse du combat, s'emparait du théâtre à la cavalière. Les purs du dilettantisme crièrent à la barbarie ; l'opéra du *bel canto* leur parut ensauvagé. Ils reprochèrent au musicien véhément qui culbutait leurs habitudes « de manquer de mélodie ». Leurs pères avaient bien traité de « *tedesco* » le Rossini de *Sémiramis* ! Mais, en revanche, entre le jeune compositeur et le grand public, quelle fraternité ! A la *Fenice*, c'est la grouillante et tapageuse foule vénitienne qui s'entasse dans la salle étroite. Elle sait que la censure autrichienne s'est émue du sujet d'*Ernani*. Elle attend impatiemment le chœur des conspirateurs ; elle le scande de bravos furieux. Un autre soir, c'est Attila qui s'écrie : « L'Italie est à moi. » — « Elle est à nous, *a noi ! a noi !* » répond le public qui se dresse dans un sursaut de révolte. Lorsqu'un des personnages de *Macbeth* prononce le mot de « patrie », l'enthousiasme se change en émeute. Les garnisaires allemands pénètrent dans la salle pour contenir cette foule qui va être le peuple de Daniel Manin.

Est-ce à dire que Verdi, oublieux du rôle supérieur de l'artiste, se faisait le courtisan des passions populaires ? Il avait trop de fierté pour flatter la foule. Mais ses chants juvéniles vibraient dans un air chargé d'orages. Etait-ce sa faute si, à travers toutes les péripéties du drame éternel, dans tous les aveux de la douleur humaine, dans tous les cris d'amour ou de souffrance, l'Italie cherchait des consolations à son martyre et des raisons pour sa vengeance ? Verdi n'était point le serviteur des circonstances. Il était la voix même, la voix loyale et retentissante d'une patrie qui s'essayait.

A quarante ans, après quinze ouvrages bruyamment acclamés, il était devenu l'idole du public. L'heure allait sonner pour lui des œuvres mieux méditées et des pensées plus hautes. Il avait épuisé le succès. Il était à ce moment solennel des grandes destinées où le succès change de nom et va s'appeler la gloire.

Prenant encore une fois Victor Hugo pour inspirateur, il écrivit *Rigoletto*. Jusqu'alors, chez Verdi, le dramaturge lyrique avait été plus soucieux d'action que de psychologie. On pouvait lui reprocher de tenir moins à la qualité qu'à l'intensité de l'émotion. Cette fois son style s'ennoblissait. C'était encore du drame, du drame avant tout, mais avec la recherche de la vérité des caractères. Le public ne s'y trompa point : *Rigoletto* alla aux nues dès le premier soir. Les esprits frivoles s'énamourèrent des cavatines. La tragique beauté du Quatuor obtint des applaudissements plus sévères. On perçut là le son des choses durables. Ce jugement des spectateurs de la *Fenice* est valable encore. Des générations ont passé depuis le 11 mars 1851. Mais, un soir quelconque, que devant n'importe quel public de n'importe quel pays de l'univers viennent s'aligner quatre chanteurs. A la première phrase du ténor, tout le monde a reconnu le Quatuor de *Rigoletto*. Et chacun s'abandonne à la furieuse mêlée de ces quatre âmes. Le même frisson vous reprend tout entier. C'est du crime et de l'innocence, de la vengeance et du pardon ; c'est de la souffrance et de la vie ! C'est un des cris les plus poignants qu'ait poussés au théâtre la passion humaine.

De ces cris-là, Verdi ne cessera plus d'en trouver. Désormais, l'improvisateur heureux devient un des maîtres de l'émotion. Sans doute, des négligences se trahiront encore dans son style. Sa muse démocratique consentira encore à des formules faciles. Mais en chacune de ses œuvres nouvelles quelle puissance de clarté, quelle palpitation ! Après *Rigoletto*, *Le Trouvère*. Cette fois, on ne pouvait reprocher au musicien de prendre des libertés avec un chef-d'œuvre de littérature. Qu'importe ! lorsque la voix du prisonnier s'élève dans la nuit, qui donc s'aviserait de songer au mélodrame obscur et puéril ? Une femme aimante se désespère ; un être jeune, héroïque et tendre adresse à la vie un suprême adieu. Il est, dans la musique dramatique, peu de pages qui se soient imposées pareillement à tous les esprits. Cet hymne d'amour et de deuil a conquis l'admiration du monde entier ; sa beauté ne parvient pas à vieillir.

Peu après, paraissait en France un livre adorable. La *Dame aux Camélias* illustrait pour la seconde fois le nom de Dumas. Le musicien des conflits violents subit à son tour le charme de ce poème du sacrifice. On prête à Rossini un mot doucement malicieux. Les œuvres de Verdi ne lui étaient point in-

connues. « C'est, disait-il en un jour de belle humeur, ce *mousicien* qui a *oune* casque ! » Depuis les
Lombardi, Verdi n'avait pas quitté son armure de
guerre. En prenant pour guide une douce pensée
française, il se découvrit une sensibilité nouvelle.
La *Dame aux Camélias* fut une grande faiseuse de
miracles. Elle avait désarmé les vieilles morales. Un
de ses triomphes fut encore d'attendrir le plus farouche des musiciens dramatiques. Les accents de
tendresse, l'opéra italien les avait désappris depuis
que Bellini s'était tu. *La Traviata,* ce n'était point
la mélancolie de *Norma,* légendaire et lointaine, mais
de la douleur moderne et saignante.

En vérité, les poètes ne sauraient se plaindre des
musiciens qui continuent leur pensée. Il est une li-
mite indéfinissable que les plus subtiles littératures
ne sauraient franchir. Là finit le royaume du verbe
parlé. « Ce qui ne vaut pas la peine d'être dit, on le
chante », a écrit un moqueur. Il y a dans cette bou-
tade un blasphème. Ce qui se chante, c'est le mystérieux secret que les mots ne peuvent révéler. Au delà
des psychologies les plus pénétrantes, il reste quelque chose d'inachevé et de jamais dit. La musique
exprime ce que le simple langage humain ne dit pas.
Dumas avait donné à son héroïne le souffle de vie ;
Verdi lui arracha ses aveux intimes. Il fallait les
deux interprètes, le poète et le musicien, pour obtenir la confession totale de cette âme.

Il était alors, — il est encore, — pour les renommées artistiques les plus hautes, une consécration

que Paris seul pouvait conférer. Plus d'une fois
Verdi avait été notre hôte. Il n'avait pourtant jamais travaillé pour le public parisien. Le Gouvernement impérial préparait l'Exposition universelle
de 1855. La direction de l'Opéra méditait d'impo-
santes solennités théâtrales. A qui commander un
ouvrage pour la fête colossale qui se préparait ? à
Auber ? à Halévy ? à Berlioz ? C'eût été au moins
légitime. Nous avions déjà, parfois au détriment
des nôtres, la coquetterie de l'hospitalité. Le choix
des directeurs de l'Opéra se porta sur Verdi. Scribe,
chargé de lui fournir un livret, choisit les *Vêpres siciliennes*. Ce n'était point un sujet essentiellement
français ; mais le patriotisme italien nous était cher,
quoi qu'il eût fait en des temps très lointains. Cette
représentation des *Vêpres siciliennes* fut un événement historique. Toute la colonie italienne de Paris
vint y passer la revue de ses forces. Sans avoir jamais fait de politique, Verdi était un des hommes
représentatifs du Risorgimento. Depuis *Nabucco*, sa
musique conspirait. Son nom servait de formule
cabalistique aux conjurés de l'indépendance. Tous
les opprimés de l'univers avaient les yeux tournés
vers la France. Les poètes revendiquaient pour notre
pays le rôle de champion du droit.

Lève-toi, lève-toi, magnanime Italie !

s'écriait l'un d'eux (1),

1. Leconte de Lisle : *A l'Italie* (Poèmes barbares).

La France te viendra, les deux ailes ouvertes,
Par la route de l'aigle et de la liberté !

On sentait, en 1855, que la poésie prédisait juste
et que la France allait venir. Elle vint. Entre les
deux nations latines se scella la fraternité des armes.
Aucune des deux ne l'a oublié. Il y a quelques semaines, un passant visitait, dans le vieux Castello
des Visconti et des Sforza, le musée du Risorgimento.
Quel merveilleux conservateur de souvenirs est le
patriotisme italien ! Tous les ouvriers du grand
œuvre, soldats, tribuns, poètes, artistes, ont là leur
vitrine. Dans ces reliquaires d'héroïsme la part de
la France est largement faite ; les turbans de nos
zouaves y voisinent avec les chapeaux emplumés
des bersaglieri. Verdi a sa chapelle où sont rangés
tous les témoignages de sa gloire. En se penchant
sur ces documents jaunis, on en découvre plus d'un
de langue française. Nous est-il permis d'en concevoir
quelque orgueil ? Messieurs, ce titre de membre de
l'Institut de France, dont vous êtes si jaloux, pre-
nez-le donc, lorsqu'il s'adresse à Verdi, dans son sens
le plus généreux et le plus large. En 1864, après les
succès d'un *Ballo in maschera* et de la *Forza del Des-
tino*, l'Académie des beaux-arts l'appelait à la succession de Meyerbeer. Il prenait place dans notre
Compagnie en qualité d' « associé étranger ». Ne
trouvez-vous pas qu'avec sa froideur administrative, cette qualification a, cette fois, quelque chose
d'inexact et d'incomplet ? Il n'était pas un étranger,
celui-là ! Nous étions des siens, il était des nôtres.

Entre son pays et la France s'était conclu un pacte sacré.

Cette large hospitalité, dont elle est prodigue, la France l'offrit à Verdi une fois de plus. En 1867, nous conviâmes le monde entier à venir contempler le spectacle de ce que nous prenions pour le bonheur. Les souverains de l'Europe étaient nos hôtes. Nous traitâmes Verdi en tête couronnée. L'Opéra monta *Don Carlos* somptueusement. L'œuvre nouvelle était attendue avec une respectueuse curiosité. Elle étonna. Les partisans de l'italianisme accusèrent Verdi de passer à l'ennemi. Ceux-là mêmes qui lui avaient reproché ses rythmes trop faciles, une orchestration trop sommaire, que sais-je encore ? ne lui surent aucun gré d'adopter un style plus sévère. Les passions musicales ont été, de tout temps, ainsi qu'il convient à des passions, d'une superbe injustice. C'est une querelle, qui dure encore, de savoir si l'âpre et spontané génie de Verdi s'est grandi en changeant de méthodes. N'attendez point de moi, et pour cause, que j'ose me prononcer dans un pareil débat. Aussi bien, me rappelé-je cette sentence, proférée par mon grand confrère Saint-Saëns : « On ne parle pas musique. » Mais j'ai eu la fantaisie de relire les feuilletons que la critique de 1867 consacra à *Don Carlos*. Ils m'ont paru désespérément contradictoires. Avec ce qui a été imprimé en toutes les langues du globe, pour ou contre toutes les grandes œuvres, on ferait une sorte de *Corpus* à l'usage des profanes. Ils y prendraient une précieuse leçon de prudence et de

modestie. Était-il vrai que Verdi fût tout à coup devenu un autre que lui-même ? Revêtir un habit d'em-
prunt, c'est un tour d'adresse dont sont capables les
personnalités banales. Verdi était trop le fils de son
terroir pour se déraciner. Mais s'il était de son pays,
il était aussi de son temps. Autour de lui, le drame
lyrique avait évolué. Son oreille subtile sut perce-
voir les bruits annonciateurs d'un ordre nouveau.
Moins intelligent du mouvement moderne, il aurait
pu persister dans son ancienne formule et l'imposer
du haut de sa gloire. Moins jaloux de son originalité,
il eût pu aller grossir l'armée des imitateurs. Il sut
n'être ni un réfractaire, ni un repentant. Il disait
finement : « La musique de l'avenir ne me fait pas
peur. »

Ne pas avoir peur du perpétuel changement qui
bouleverse les idées et les mœurs, ce n'est pas toujours aussi facile qu'on semble le croire. Comment,
dans le chaos des choses qui se détruisent, discerner
la clarté de celles qui se fondent ? Un grand écrivain
contemporain, habile à parer l'antique pyrrhonisme
de grâces rajeunissantes, conseille d'user, à l'égard
des nouveautés les plus troublantes, d'une courtoisie qui a ses dangers. Son héros favori rencontre un
jeune poète qui lui dit des vers d'une sonore et im-
pénétrable obscurité. M. Bergeret n'y comprend
rien, mais il se contente de sourire, de peur « d'outrager la beauté inconnue ». C'est là assurément une
prudente méthode pour s'épargner des repentirs.
Le public d'aujourd'hui en use largement. Il accepte

que le juste, le vrai et le beau se présentent à lui sous
des figures inquiétantes. Quelqu'un a prétendu que
cette largeur d'intelligence venait de la fausse honte
de « ne pas paraître assez avancé ». Beaucoup de
gens ne sont si hardis que parce qu'ils ont peur
d'avoir peur. On n'empêchera point les esprits chagrins de se demander — je ne parle que d'art — si
le moment ne serait pas venu d'avoir un peu peur...
Mais il n'est que temps de revenir à Verdi.

Non, l'auteur de *Don Carlos* n'abdiquait pas ; il
évoluait. Son éloquence enflammée s'imposait la loi
des grammaires ; sa fougue se disciplinait. Et puis,
tout cela dit, il restait passionnément, jalousement
Italien. Qu'elles vinssent d'Allemagne ou qu'elles
vinssent de France, les influences trouvèrent en lui
un esprit souple au service d'une imperturbable
volonté. Depuis trente ans, le rude paysan lombard
labourait son champ. Les semences avaient germé,
le ciel avait béni son effort. Voici que le vaillant ouvrier entend parler de méthodes nouvelles, ignorées
des ancêtres. Il a trop de sagesse pour s'obstiner
dans des routines condamnées. Il fait venir les manuels où sont décrits ces procédés modernes, il s'in-
forme, il profite, il progresse. Mais ses pieds restent
attachés au champ héréditaire ; il se cramponne à la
vieille charrue. « Eh quoi ! lui disent les bonnes
gens qui l'ont vu naître, est-il vrai que vous ayez
changé ? » — « Regardez-moi, répondit-il ; avec
quelques rides et le hâle de l'expérience, n'ai-je pas
le même visage ? Regardez ma moisson dernière.

N'est-ce pas toujours le même blé qui pousse sur le champ natal où je veux mourir ? »

Exemple peut-être unique dans l'histoire de l'art : ce maître illustre acceptait de se refaire une éducation, sans rien renier de son idéal. Cette attitude imposa silence à l'envie elle-même. La renommée de Verdi s'universalisa. De l'autre côté de la Méditerranée régnait le dernier des pharaons. Le khédive Ismaïl aurait eu l'ambition de recevoir à sa cour le musicien le plus applaudi de l'Europe. Verdi n'alla point chez le pharaon, mais il consentit à lui faire présent d'un chef-d'œuvre. Depuis plusieurs années, il n'avait rien donné au théâtre. *Aïda*, représentée au Caire le 24 décembre 1871, le révéla plus jeune, plus poète, plus peintre, plus profond musicien que jamais. Ici, je voudrais laisser la parole à l'un des plus qualifiés parmi les nôtres. Un de nos chers doyens, Reyer, avait fait le voyage du Caire pour entendre l'œuvre nouvelle de Verdi. Les directeurs de nos scènes lyriques — je parle de 1871 — laissaient aux musiciens français beaucoup de loisirs. Le bel écrivain qu'est aussi l'auteur de *Salammbô* n'avait alors que trop d'occasions de littérature. Voilà encore un feuilleton que j'ai eu la curiosité de relire. Celui-là ne m'a point déçu. Rien ne vaut les maîtres pour parler la langue de l'admiration.

Devenu citoyen du monde, Verdi préférait encore à tous les applaudissements ceux de son cher public italien. En livrant *Aïda* à l'Opéra du Caire, il avait stipulé qu'aussitôt après la première représentation, son nouvel ouvrage serait donné à la Scala. La pompe triomphale, cette invention romaine, est restée traditionnelle chez les descendants du peuple romain. Il fait bon d'être un grand homme au pays de l'ovation. Cette soirée du 7 février 1872 eut l'éclat et la solennité d'un sacre. On était loin des jours de deuil où les sombres mélodies du maître excitaient des enthousiasmes défendus. Au bruit des trompettes de la marche de victoire, tout le passé, douloureux et héroïque, se sentit évoqué. Le musicien avait gagné sa cause sur toutes les scènes de l'univers, l'Italie la sienne au théâtre de l'histoire. Les Milanais remirent à Verdi un sceptre enrichi de pierres précieuses qui reposait sur un lit de lauriers. Il dut reparaître trente-deux fois devant la foule. Rien ne parut trop fastueux pour embellir ces noces du génie et de la liberté.

Ces hommages fanatiques, Verdi les recevait avec une simplicité tranquille. Il se sentait l'interprète de sa race, il acceptait docilement et pieusement ce rôle. Au lendemain de la soirée triomphale d'*Aïda*, une illustre voix se tut dans la patrie rendue au bonheur. Manzoni mourait à Milan. Manzoni, c'était toute la mélancolie de l'Italie d'hier, avec sa grâce souffrante et son opiniâtre espérance. Le vétéran avait assez vécu pour assister au triomphe du droit. Verdi était l'ami du grand vieillard. Sa génération avait appris à lire dans le roman des *Fiancés*. Il revendiqua l'honneur d'embaumer dans l'harmonie cette pure mémoire. Il offrit d'écrire un *Requiem* pour l'anniversaire des funérailles de Manzoni. La municipalité de Milan le remerciait : « Ne me remerciez point ! répondit-il, j'obéis à un besoin du cœur. »

Dans ce *Requiem*, le remueur des foules traita en tragédien le mystère sacré. On lui a reproché d'être resté, sous les voûtes d'un temple, le poète véhément du théâtre. Ce formidable sujet, une messe des morts, a sans doute inspiré des accents plus mystiques et plus lointains. Tel qu'il est, le *Requiem* de Verdi demeurera un des cris les plus émouvants qu'ait arrachés à une âme humaine l'effroi du grand secret. Une fois de plus, Verdi resta lui-même. Toute son œuvre était une glorification passionnée de la vie. Devant la mort elle-même, ce fut encore la vie qu'il chanta.

Il eût pu croire que sa tâche était terminée. « Je ne dormirai que sous la voûte de pierre », soupire un de ses héros. De cette parole de lassitude et de tristesse, il se faisait une devise d'action. Il se laissa de nouveau tenter par Shakespeare. Il écrivit *Otello*. Jadis, en des temps déjà légendaires, Rossini avait prêté au terrible drame sa jeune voix de charmeur heureux. Une cantatrice de génie avait traversé l'Europe, la lyre de Desdémone à la main. Verdi eut l'orgueil de ramasser cette lyre tombée. Il en tira des accents nouveaux. Rossini s'était promené, avec sa nonchalance de grand seigneur, autour de la pensée shakespearienne. Verdi voulut la pénétrer. Avec Iago il se fit démoniaque, avec Othello lyrique et guerrier,

élégiaque et attendri pour Desdémone. Avant l'horreur du dénouement, il s'attarde devant ce bonheur
que le sort va briser. Un suave duo d'amour confond
un instant les deux âmes victimes et nous oublions
qu'elles sont condamnées. Dans l'adieu déchirant
que Desdémone adresse à la vie, Verdi se fit chari-
table et consolateur. Ce fort avait aussi le secret des
larmes.

Sa dernière œuvre fut un sourire. Après avoir si
souvent fait frémir, il eut cette coquetterie de donner
de la joie. Autour de la statue bouffonne de Falstaff
il groupa tout un monde gazouillant de commères
moqueuses et de jeunes amants. Le créateur de tant
de figures tragiques se révélait comme un maître de
la gaieté.

C'est un art encore que de savoir porter la gloire.
Les robustes épaules de Verdi supportaient allégrement ce fardeau. On lui proposa un jour de le nommer
duc de Busseto. Il refusa en riant. Il eût pu dire
comme Mirabeau à ceux qui affectaient de l'appeler
Riquetti : « Vous voulez donc dérouter l'Europe ? »
La Couronne exigea de lui qu'il se laissât nommer
sénateur. Il avait trop d'esprit, et surtout trop de
patriotisme, pour refuser. Il siégea seulement le
moins possible. Il parlait gaiement de ses rares
excursions dans la politique. Cavour l'avait naguère
contraint de faire partie d'une des premières assemblées de l'indépendance. Verdi adopta pour exécuter
son mandat un procédé des plus simples : « Je ne
disais rien, a-t-il raconté ; je regardais le comte de

Cavour. Lorsqu'il se levait, je me levais. J'étais sûr ainsi de ne pas me tromper. »

La fortune lui était venue, cette pure richesse de l'artiste à laquelle ne se mêle aucun remords. Il allait, comme un prince voyageur, de résidences en résidences. A Milan, son vieux champ de bataille, il campait comme au jour de ses débuts. Les Français qui vinrent applaudir *Otello* le trouvèrent dans une chambre d'hôtel. Ce fut là que Reyer lui parla pour la première fois. Ici je veux citer textuellement notre confrère :

« Des arbustes verts et des fleurs partout ; le soir, sous le balcon de l'hôtel, de longs vivats et des sérénades. Je rappelai à Verdi que j'avais fait le voyage du Caire pour assister à la première représentation d'*Aïda*. Mais ce qui l'émut véritablement, ce fut de m'entendre chanter, après un dîner tout intime, le grand air de *Nabucco*. Il me complimenta sur ma mémoire, mais il ne me dit rien de ma voix. » L'hiver, Verdi allait chercher le soleil et la lumière sur la rivière de Ligurie. A Gênes, il logeait au Palais Doria, peuplé d'ombres héroïques, Massenet se souvient d'être allé l'y saluer. Le maître lui demanda des nouvelles de la musique française. « Puis, a raconté Massenet, ouvrant une des hautes fenêtres du salon, il m'attira sur la terrasse d'où l'on dominait le merveilleux port. Spectacle inoubliable ! Cependant, ce qui me reste surtout dans l'esprit de cette vision féérique, c'est le souvenir de Verdi lui-même et de son attitude. Tête nue et droit sous le soleil écrasant, je le verrai toujours me montrant sous nos pieds la ville chatoyante et la mer dorée, d'un geste fier comme son génie et simple comme sa belle âme d'artiste. Et ce fut comme une évocation d'un des grands doges d'autrefois, étendant sur Gênes sa main de puissance et de bonté. »

A quelques lieues du hameau natal, Verdi s'était construit la demeure de ses rêves. « Quatre murs, écrivait-il, en 1865, à un ami, pour me défendre contre le soleil et les intempéries ; quelques douzaines d'arbres plantés en grande partie par mes mains ; une mare que j'honorerai du titre de lac quand je pourrai avoir de l'eau pour la remplir. » Mais, depuis 1865, la maison et le maître avaient grandi. Autour du château s'étalaient de riches cultures ; des troupeaux de chevaux peuplaient les prairies. Lorsque, coiffé d'un vaste chapeau de paille, le rustique châtelain allait visiter ses fermes, les *contadini* le saluaient familièrement. Les pauvres gens en avaient long à dire sur le seigneur de Sant'Agata. Là Verdi jouissait du meilleur de sa popularité. Sa vie de bataille s'achevait dans une paix virgilienne. Sous les peupliers qu'il avait plantés, il oubliait le théâtre lui-même, cet autre domaine où il était roi. Un jour, le facteur lui apportait une lettre qui venait de France : le directeur de l'Opéra de Paris demandait *Aïda*. « Seigneur ! s'écriait Verdi, dire que même ici, à Sant'Agata, on ne peut pas être tranquille ! » Et après avoir expédié à l'importun une réponse favorable, le maître allait donner, avant l'*Angelus*, un dernier coup d'œil à ses prairies.

C'est ce Verdi satisfait, paisible, d'une majesté souriante d'aïeul, qui s'impose à nos souvenirs. C'est à celui-là que Paris a donné d'inoubliables fêtes. Il participait à nos joies. Il nous fit sa dernière visite lors de la millième de *Mignon*. Il venait d'apporter à notre Ambroise Thomas son hommage fraternel. Une belle étreinte unit les deux patriarches. C'était un spectacle d'une noblesse infinie que celui de ces deux illustres fronts couronnés par l'âge. Ambroise Thomas nous quitta le premier ; Verdi s'associa alors de toute son âme à notre deuil. — Le 27 janvier 1901 on apprit à Milan que « le grand Verdi » venait de mourir. Toute l'immense cité se voila. On ouvrit le pli qui renfermait ses dernières volontés. « Mes funérailles seront très simples ; je ne désire aucun honneur. Deux cierges, deux prêtres et une croix suffiront. » On lui obéit tout d'abord ; sans fleurs, sans pompes, sans musique, Verdi fut enseveli par un matin d'hiver.

Il pouvait, lui, se refuser des honneurs funèbres. Mais l'Italie eût cru se manquer à elle-même en se séparant d'un tel fils sans magnificence. Le testament de Verdi avait fait généreusement la part des pauvres. L'ancien admirateur du violoniste ambulant de Roncole partageait sa fortune avec les vieux musiciens. Un mois après sa mort, tout un peuple l'alla conduire sous les voûtes du palais qu'il avait élevé à la charité. Le génie latin se complaît aux funérailles héroïques. Milan donna ce jour-là un spectacle grandiose. L'armée faisait cortège au Tyrtée de l'indépendance. Le chœur de *Nabucco*, plaintif et guerrier, salua la levée du corps. On coucha Verdi sous la crypte d'une chapelle somptueuse. C'est là qu'il dort, ayant magnifiquement mérité le repos.

Mes chers amis, qui serez demain au pays de l'enthousiasme, laissez-nous vous recommander ce pèlerinage. Au retour, pourquoi ne reliriez-vous pas ensemble quelques lignes du testament de Verdi ? Il a légué aux jeunes musiciens des conseils que tous autres artistes peuvent méditer. Il leur ordonne de « se livrer à la fugue d'une manière constante ». Il leur prescrit d'étudier les maîtres; il ne leur défend pas d'aimer les nouveautés. Tout au plus les met-il paternellement en méfiance contre les séductions de l'accord de la septième diminuée. « Et maintenant, dit-il, pour conclure, mettez une main sur votre cœur ! »

Grande parole, Messieurs ! Oui, mettez la main sur votre cœur. Là est le secret de créer ; là aussi, le secret de comprendre. Soyez les fils de votre époque, sans blasphémer les religions d'autrefois. Dans votre course vers l'avenir, sachez quelquefois vous retourner du côté de la route ancienne.

« La musique est un art fugitif, disait Rossini; ce qu'admirait une génération, une autre le dénigre. » Soit ! mais il est bon de se rappeler la parabole des deux fossoyeurs. Ils étaient chargés d'enterrer les morts après une bataille. L'un d'eux procédait à sa

funèbre besogne avec un zèle rapide. L'autre tenait
à s'assurer si dans ces corps inertes ne palpitait pas
encore un souffle de vie. « Bah ! lui disait son compagnon, si on les écoutait, aucun d'eux ne serait
mort. » Cependant le bon fossoyeur sauvait des vivants de la sépulture. Beaucoup de gens ressemblent
au fossoyeur trop zélé. On enterre aujourd'hui un
peu hâtivement les gloires d'hier. Comment Verdi
échapperait-il à la loi d'injustice ? Il a parlé puissamment le langage de la passion, et voici que les
fortes passions choquent la délicatesse des raffinés.
Cette santé si riche, si débordante, cette santé —
comment dirai-je ? — un peu rouge, semble vulgaire
aux amateurs de chloroses. Se croire et se dire malade est devenu une élégance. On voudrait condamner l'œuvre de Verdi à la mort sous prétexte
qu'elle dégage trop de vie. Ah ! fossoyeurs ! vous
êtes bien pressés ! Ce n'est pas à vous seuls qu'est
remise la destinée du génie. Il est aussi le bien de
tout le monde. Par bonheur, la mémoire populaire
a d'admirables fidélités. Le septuor d'*Ernani*, le
quatuor de *Rigoletto*, le *Miserere* du *Trovatore*, la
cantilène de Violetta mourante, ces grands cris humains retentissent encore. Ils trouveront toujours
un écho fidèle au plus profond des cœurs. Dût-elle,
un jour, n'avoir plus pour interprètes que d'humbles
passants, la voix de Verdi ne saurait mourir. Il ne
dédaignait pas d'entendre sa pensée redite par les
simples. Un témoin de sa vieillesse se promenait
un soir avec lui dans la campagne de Sant'Agata.

Il faisait une belle nuit transparente. Tout à coup, au milieu du silence, résonna un chœur à l'unisson ; c'étaient les paysans de Busseto qui entonnaient l'*Hymne à la soif* des *Lombardi*. Profondément ému, le maître écoutait sa jeunesse chanter dans ces voix naïves. « Au moins, s'écria-t-il gaiement, voilà des choristes qui ne m'auront pas fait enrager aux répétitions ! » Il tomba ensuite dans une longue rêverie. Verdi était le fils d'une race fertile en philosophes clairvoyants. Prévoyait-il que les plus sûrs défenseurs de son génie seraient les bonnes gens qui aiment la musique d'un amour candide ? Demeurer, malgré les théories, malgré les esthétiques, malgré la mode, un des confidents de l'humanité, est-il une meilleure part ? Nous pouvons être sans inquiétude sur l'immortalité du bon vaillant maître. Elle a l'âme du peuple pour gardienne. Verdi a légué au souvenir universel des chants nécessaires à la joie du monde.

ERNEST HÉBERT [1]

> « Sans la sensibilité, point de bonheur. »
> STENDHAL

L A France avait en 1840, à Civita-Vecchia, un consul qui tenait moins à sa qualité officielle qu'à son titre d'observateur du cœur humain. Henri Beyle passait pour un diplomate d'humeur difficile ; en réalité cet ironiste était le plus obligeant des hommes. Un de ses jeunes cousins, qui venait d'obtenir, à vingt-deux ans, le prix de Rome, eut à réclamer son patronage. Beyle écrivit aussitôt à l'un de ses amis italiens : « *Ce jeune homme a peut-être une âme.* »

C'était d'Ernest Hébert que parlait ainsi le moins complaisant des psychologues. Stendhal avait discerné chez son jeune parent « le don de sensibilité et l'amour des choses que le vulgaire traite d'inutiles ».
— Ce brevet d'aristocratie spirituelle décerné par

---

1. Notice lue à l'Académie des beaux-arts dans la séance du 6 novembre 1909.

un tel juge, Hébert consacrera son existence entière à le mériter.

Ernest Hébert était de bonne bourgeoisie. Son père tenait à Grenoble une étude de notaire. L'histoire de l'art a plus d'une raison de vénérer le notariat : Brunellesco, Masaccio, Léonard descendaient d'honorables tabellions. Malgré ces précédents illustres, la plupart des notaires consentent à avoir leurs fils pour successeurs. Le père d'Ernest Hébert entendait se conformer à cette tradition. Cependant, dès ses premiers jeux, l'enfant crayonnait sur toutes les feuilles de papier qui lui tombaient sous la main. Les Goncourt demandèrent un jour au peintre, devenu célèbre, comment s'était éveillée sa vocation. Hébert leur expliqua qu'il avait eu pour initiateurs les ruisseaux de son Dauphiné. « Ce fut là, dit-il, mon miroir d'idéal. » — Une eau libre, où tout est transparence, et qui chante en se souvenant qu'elle vient des cimes, n'est-ce point là le symbole de son œuvre ?

L'écolier rêveur grandit au milieu de la nature alpestre, conseillère d'orgueil. Mais il était né calme et docile. Le contraste entre la majesté du paysage natal et la modeste étude paternelle ne fit point de lui un révolté du type byronien. Au fond de l'énergie dauphinoise veille le fin bon sens qui donne la patience. A dix-sept ans, ayant déjà ses cartons remplis d'esquisses, Hébert se résigna de fort bonne grâce à aller faire son droit à Paris. Il prétendait conquérir sa liberté à force d'obéissance. A peine

arrivé à Paris, il s'enquit, un peu des sanctuaires de
la jurisprudence, et beaucoup plus des ateliers. Un
ami de sa famille le conduisit chez David d'Angers.

Les élèves de David d'Angers, chevelus et tapa-
geurs, terrorisaient un coin de Paris pour le mieux
édifier. Pour un provincial intimidé, c'était une aventure que d'affronter ce repaire de lionceaux. Le nouveau venu se fît adopter pour sa bonne grâce. Le
maître ne tarda pas à prendre en gré ce silencieux
aux yeux profonds. Hébert demandait humblement
à apprendre ses grammaires : on ne s'était point
avisé encore que ce fût périlleux pour le génie. David
d'Angers, lorsqu'il avait exposé à ses disciples les
principes du dessin et de la composition, ne jugeait
point sa tâche terminée. L'apôtre humanitaire estimait qu'un atelier d'artistes doit être une école
d'exaltation. Il n'enseignait pas seulement des apprentis, il vouait des adeptes à l'idéal. Hébert sut
écouter et comprendre ce grand professeur d'enthousiasme.

En sortant de la fournaise davidienne, il allait
dans sa chambrette étudier le Code. Il menait gaiement sa double vie. Au bout de cinq années d'efforts,
il obtenait son diplôme de licencié. Une autre ambition plus haute lui était venue : le prix de Rome.
Il s'en ouvrit à David d'Angers. A tort ou à raison,
le célèbre statuaire se croyait suspect à quelques-
uns de ses confrères de l'Institut. Il conseilla à
Hébert d'aller finir son apprentissage chez Paul Delaroche. Delaroche n'apportait point dans l'ensei-

gnement cette sorte de fureur sacrée qui possédait David d'Angers. Il usait de méthodes plus discrètes ; il s'efforçait d'engager les jeunes artistes dans la voie qui leur souriait. Lorsque Hébert se souvenait de ses deux maîtres, le prédicant et le confesseur, il leur faisait une part égale dans sa gratitude. « Comment dirais-je, s'écriait-il, tout ce que je dois au grand David ! » Et lorsqu'il reçut, en 1856, la nouvelle de la mort de Paul Delaroche, il écrivit au fils du peintre de l'*Hémicycle* : « Je perds en lui l'ami tendre et dévoué et l'élément de mes efforts dans mon art. Aujourd'hui, je suis au fond de l'Italie, perdu dans un coin de terre que la neige a rendu inaccessible. J'y étais heureux, dans mes privations, à la pensée qu'enfin ton père me serrerait la main en me disant : « C'est bien ! » comme lui seul le savait dire. »

Par une après-midi de l'automne de 1839, il y avait sous la coupole une solennité pareille à celle d'aujourd'hui. Ernest Hébert, qui venait d'obtenir le grand prix de peinture, vint s'asseoir à la place qu'occupent nos lauréats. En prenant connaissance du programme, il s'aperçut qu'il n'y était mentionné que comme élève de Paul Delaroche. Un trouble profond l'envahit. L'idée de débuter dans la vie par une ingratitude lui fut insupportable. Il s'approcha du secrétaire perpétuel et lui fit la confidence de son angoisse. Un geste bienveillant lui répondit. Au moment où son nom allait être prononcé, l'huissier vint lui dire : « M. Delaroche vous recommande d'aller embrasser le premier M. David. »

Cela s'est passé sous ce dôme, il y a soixante-dix ans. Que de choses ont changé depuis lors, même dans cette demeure qu'on accuse de ne point aimer assez le changement ! Que de théories mortes, et d'hérésies transformées en dogmes, et de colères apaisées ! Le temps a accompli son œuvre de réconciliation et d'équité. Quelque chose demeure obstinément : la fraternité dans un même culte des générations d'aujourd'hui et de celle de demain. Tradition, dit-on, vieux usages ! Laissez-moi essayer, mes chers amis, de résumer pour vous la carrière d'Hébert. Ce sera vous dire comment une conscience d'artiste sait affirmer son indépendance, sans rompre avec les leçons du passé. Étudier cette vie, c'est regarder la montée d'une âme.

Les pèlerins de Rome, en 1840, c'étaient, avec Hébert, le sculpteur Gruyère, Vauthier, graveur en médailles, l'architecte Lefuel, le musicien Gounod. Hébert a raconté lui-même, en termes émus, les troubles du départ, les vastes espérances suivies des premiers doutes, les amitiés formées soudainement pour durer toujours. Le gouvernement de la Villa Médicis était confié alors à l'une des plus hautes gloires de l'art français. Ingres s'était retiré sur le Pincio à la suite de l'échec de son *Saint Symphorien*. Les contemporains des hommes de cette taille n'ont point le recul nécessaire pour les mesurer à leur stature. Ingres avait fui le Paris du Salon annuel pour ne plus se sentir coudoyé par ses détracteurs. Irrité, malade il méditait des chefs-d'œuvre comme des vengeances. Ce qu'il y avait de magnanime dans cette attitude n'était pas toujours aperçu par les témoins immédiats de sa vie. Hébert s'était laissé dire que l'approche du « Père Ingres » était redoutable.

Il aborda ce maître impérieux comme on affronte un danger. Il s'attendait à des brusqueries, il ne sentit que « bonté cordiale ». Le directeur fit installer le nouveau pensionnaire dans une chambre d'où l'on dominait le paysage romain : « Ce panorama grandiose, confesse Hébert, ne me produisit alors aucun effet. Ce ne fut que plus tard que les voiles tombèrent et que je sentis la beauté de ce que j'avais sous les yeux. » Il ne découvrit pas Rome tout d'abord. Sa première découverte fut Ingres lui-même : « Peu à peu je me sentis enveloppé, conquis, par le charme austère de cet homme, si grand par le talent, si simple dans sa vie privée, qui ne lisait qu'Homère et n'aimait que les Grecs et Raphaël dont il savait parler en homme de leur race. Moi aussi, je ne tardai pas à le suivre dans sa route hautaine vers un beau idéal bien différent de celui que j'avais rêvé avant ma conversion. »

Conversion ; retenons le mot. Admirablement doué, déjà habile, catéchisé par David d'Angers, discipliné par Delaroche, Hébert n'était, en arrivant à Rome, qu'un écolier de bonne volonté. Le rayonnement d'une haute conscience lui révéla la pure doctrine. Il embrassa cette religion de l'idéal dont Ingres donnait ainsi la formule : « N'adorons le beau qu'à genoux ! »

Était-ce chez le maître étroite pédagogie ? Hébert
put s'apercevoir très vite que cette prétendue into-
lérance était une légende. Pour son envoi de première année, il avait crayonné en hâte une figure de
berger antique, selon la manière en dehors de laquelle, lui disaient certains de ses camarades, il n'y
avait point de salut. — Que nos jeunes amis n'abusent point de cette confidence : — Hébert s'était
mis quelque peu en retard. Les promenades à cheval
l'avaient souvent distrait de l'atelier. Et puis, en
montant l'escalier de la place d'Espagne, il s'était
attardé souvent devant les contadins couchés sur
les marbres saturés de soleil. Plus d'une étude improvisée au hasard des flâneries était suspendue
aux murs de sa chambre. « Surtout, lui disait-on,
lorsque le père Ingres viendra vous voir, gardez-vous
bien de lui montrer vos croquis de paysans. » Arrive
le jour de cette inspection redoutée. Les travaux de
l'école buissonnière étaient dissimulés soigneuse-
ment, l'envoi s'étalait en belle place. Paraît M. Ingres, en tenue de visite officielle : chapeau noir, re-
dingote, souliers vernis, canne à pomme d'or. Il regarde le débardeur du Tibre métamorphosé en pâtre.
Il se montre courtois et encourageant. Hébert respire. Comme il se retirait, Ingres ouvre par inad-
vertance la porte de la cachette aux choses dé-
fendues. Il tombe sur une étude de pifferaro. Il
fronce les sourcils : « Qui a fait cela ? » — « Moi,
Monsieur le directeur. » Il y eut un terrible silence.
— « Eh bien ! gronde enfin la voix du maître, c'est

très bien ! » Ingres jette un dernier regard sur le berger conforme au règlement. « Et ça, c'est mauvais ! » prononce-t-il. Et il s'éloigne, après avoir serré la main du jeune homme interdit, tremblant et ravi.

« Je rentrai dans mon atelier, dit Hébert, troublé jusqu'au fond de l'âme, mais comprenant que M. Ingres avait l'esprit plus large à lui seul que tous ses élèves présents, passés et futurs. »

Merveilleuse clairvoyance du génie ! Ingres avait aperçu d'un coup d'œil qu'un tempérament personnel s'annonçait chez ce jeune homme ardent et sincère. D'un geste paternel, il le poussait dans sa voie. Il n'était un despote que contre ceux qui ne savent rien voir et qui n'ont rien à dire.

Ce petit pifferaro, grelottant sous ses haillons pittoresques, ce sera le guide favori d'Hébert. L'immensité romaine l'avait d'abord comme écrasé. « J'en fus effaré », disait-il. Il ne prit que peu à peu conscience de toute cette grandeur et de lui-même. Il était peintre : les fêtes de la couleur lui montrèrent la créature humaine plus belle sous le ciel italien que partout ailleurs. Il était poète aussi, et contemplateur, et compatissant. Chez ces gueux aux allures de héros, chez ces enfants qui portent leurs défroques comme des parures, chez ces vierges aux poses de canéphores, il devinera les souffrances cachées. Sous la jeunesse, sous la gaîté, sous la beauté même, il découvrira les drames de la maladie et de la faim. Dans les yeux de l'artiste amoureux de lumière le spectacle de la douleur humaine fera jaillir la source

des larmes. Alors il se choisira dans l'immense domaine un coin de solitude. Il s'assiéra au bord du
Tibre, sous un pin qui tremble au souffle des fièvres.
Là sera le lieu préféré de son cœur et le refuge de son
rêve intime. Est-ce à dire qu'il va se faire, lui le pèlerin passionné, parti à la conquête du style, le portraitiste servile de la misère ? Non, le Beau reste le
but de sa recherche. Peintre avant tout, artiste
d'abord et quand même, il donnera de la grâce à la
douleur. Et c'est en poésie qu'il traduira la vérité.

C'est le droit d'être lui-même qu'Ingres lui avait
conféré, à sa première visite, avec ce large libéralisme
dont on peut user envers les forts. Hébert gardait
la fierté de ce baptême. Alors qu'Ingres n'était plus
là pour le soutenir, il entendait toujours derrière lui
cette grande voix qui savait si bien, en parlant de
discipline, accorder la liberté. Hébert n'était pensionnaire que depuis une année lorsque prit fin le
directorat de M. Ingres. Paris, le Paris maudit et
regretté, avait réclamé son lutteur. Ce départ fut
pour Hébert une douleur. Le maître le traitait
comme son enfant. La journée finie, il était admis
dans le simple salon de Mme Ingres aux séances de
musique. On exécutait pieusement un quatuor.
Gounod se mettait au piano ; il chantait au maître
ses mélodies préférées. Ce musicien aimait la peinture, Hébert adorait Beethoven et Mozart. Entre
ces deux jeunes hommes, affables, déférents, enthousiastes, Ingres s'épanouissait. Il s'est fait là de mer-
veilleuses débauches d'admiration.

Lorsque vint le jour du départ, tous les pensionnaires conduisirent leur directeur jusqu'à PonteMolle. Ils virent pleurer Ingres, alors qu'il jetait sur le dôme de Saint-Pierre un dernier regard. Le soir, un mot ingrat, celui de « libération » fut proféré à la table commune. Cependant Hébert songeait à l'écart : « Nous avons perdu notre guide. »

L'autorité morale d'un Ingres n'est pas un objet de transmission. Le nouveau directeur de la villa Médicis, M. Schnetz, avait trop de finesse pour s'essayer à cette inimitable manière. Le gouvernement de Schnetz, au témoignage d'Hébert, fut « aimable, enjoué, un peu goguenard, mais toujours bon et indulgent pour les faiblesses humaines ».

Les années passaient, Hébert se cherchait encore. Son activité se dispersait un peu. Un de ses essais avait même inquiété David d'Angers. Le tableau, *Rêveries*, fut jugé par le théoricien de l'art sacerdotal comme une concession à l'esprit de frivolité. L'élève égaré reçut de son maître une homélie menaçante. Dans cette gronderie paternelle, dont il est facile aujourd'hui de sourire, Hébert ne vit qu'un *Sursum corda*. « Je vous réponds, écrivit-il à David, pendant que je suis encore sous la profonde impression qu'ont produite en moi ces lignes noblement et largement tracées par l'homme qui joint toujours la vérité dans les actes à celle de la parole. » Il ne veut pas que son maître pense qu'il s'est distrait à la poursuite du succès facile. « J'ai passé cet été à étudier le vieux Michel-Ange, dans cette seule pensée de me donner la force et la noblesse sans lesquelles on ne doit pas s'adresser aux hommes. »

Pour obéir à David d'Angers il songea à une vaste composition : *Le Christ pacifiant le monde*. Il voulait s'y faire l'interprète d'un refrain de Béranger :

> Peuples, formons une sainte alliance !

C'était un sujet conforme aux doctrines philosophiques que David d'Angers préconisait. Hébert s'y essaya avec une application sincère. Sa main s'efforçait d'obéir, mais, comme on dit, « le cœur n'y était pas ». Son originalité, confuse encore, mais frémissante, subissait mal la tâche imposée. Était-ce chez lui de la vanité ? Il se refusait au contraire à penser que son apprentissage fût sitôt fini. Il cherchait des prétextes pour prolonger sa cure d'idéalisme. Schnetz se prêtait avec bonté à laisser s'attarder à la Villa Médicis ce pensionnaire qui redoutait l'heure du départ. Un accident cruel qui l'immobilisa pendant quelque temps fut pour Hébert une raison de plus de ne point partir. Mais le moment toujours reculé arriva enfin. Hébert était resté huit ans à Rome. De cette période de ferveur inquiète, il rapportait une loi morale qui allait dominer sa vie.

Des ennuis l'attendaient en France. Un nouvel accident l'arrêta à Marseille. Il dut y séjourner pendant plusieurs mois. Le dévouement du docteur Roberty l'assista pendant cette période de trouble et de soucis. Hébert sut créer toujours autour de lui une atmosphère de tendresse. Il fut un merveilleux artiste de l'amitié. Il se serait volontiers fixé à Marseille ; il y trouvait les deux éléments essentiels à son bonheur, de la bonté et de la lumière. Mais Paris l'appelait impérieusement.

Le voici dans son modeste atelier de la rue de Navarin. L'année 1850 est une date mémorable de sa carrière. Il débute par deux œuvres maîtresses. C'est d'abord un portrait de sa mère. Ce portrait, il nous était accordé récemment de le revoir dans la maison du maître. Une main pieuse soulevait en tremblant le voile qui protège l'icone tutélaire. Rien de plus délicieusement français que cette image de tendresse et de gravité. Hébert, dont on a dit parfois qu'il s'était trop italianisé, a docilement suivi ce jour-là cette tradition des portraitistes de France dont le génie s'appelle vérité. Lorsqu'on le félicitait d'avoir exprimé un demi-siècle de vertu dans cette page touchante, il répondait avec un beau sourire : « Il ne manquerait plus que cela qu'un artiste ne sût pas faire le portrait de sa mère. » On nous promet que dans quelques mois nous reverrons à l'École des beaux-arts l'œuvre entier d'Hébert. Nous pourrons admirer à loisir cette merveille d'émotion. Nous penserons alors à cet admirable mot de Charles Blanc : « Si les peintures d'Hébert nous captivent, c'est qu'il y a compromis son cœur. »

En revenant de Rome par Terracine, il avait traversé les Marais Pontins. Là, dans le coin lugubre et maudit, l'Italie lui avait dit la parole d'adieu. Du dernier regard jeté sur la terre de félicité

il emportait une vision cruelle. Il voulut traduire en
beauté ce que la souffrante Italie des contrées de la
fièvre lui avait confessé de son secret.

Plus d'un demi-siècle a passé sur le tableau de la
Malaria. Aux caprices de la mode il oppose l'éternelle jeunesse de son charme. En ce radeau qui glisse
sur l'eau troublée du marécage, quelques pauvres
créatures humaines se sont entassées pour fuir la
mort. Un ciel de plomb pèse sur elle comme une
menace. Le peintre a caressé ces tristes victimes
d'une main fraternelle. Il nous dit, et dans quel langage ! le renoncement de l'agonisante, l'orgueil farouche de l'aïeule, l'espoir que veut garder la jeune
mère, le stoïcisme tranquille du chef qui conduit la
tremblante caravane vers des cieux meilleurs. Deux
des personnages du drame représentent l'intime
pensée du peintre poète : l'enfant qui frissonne sous
un manteau troué, c'est le petit pifferaro de l'escalier
de la Trinité des Monts, son premier inspirateur :
cette jeune fille dont on ne voit que la tresse d'or,
cette nonchalante, cette dédaigneuse qui garde de
la dignité dans l'épouvante et de la séduction dans
la misère, cette vierge romaine, belle quand même,
ce sera sa muse familiàre.

Il est des œuvres qui s'imposent avec une autorité
souveraine parce qu'elles viennent dire au monde
quelque chose qui n'avait point été dit. La *Malaria*
força l'admiration, en ce Salon de 1850 où l'on voyait,
avec cinq tableaux d'Eugène Delacroix, des œuvres
de Decamps, de Chintreuil, de Daubigny, de Troyon

de Millet, de Théodore Rousseau, de Corot. Un nom nouveau venait s'inscrire à la suite de ces noms glorieux.

Il arrive parfois qu'un premier succès, trop foudroyant, égare un artiste. Au moment où le grand chemin d'ambition s'ouvre devant lui, que voyons-nous chez Hébert ? Plus que jamais, le besoin de se recueillir. Alors que le Paris tentateur lui prodigue ses sourires, il retourne à Marseille où l'attirent de douces amitiés. Des passants s'étonnent de reconnaître chez cet exilé volontaire le peintre déjà célèbre de la *Malaria*. Hébert s'oubliait à Marseille, auprès d'un compagnon de travail et de rêve. Ricard et lui étaient bien faits pour s'aimer. Ce délicieux et noble Ricard lui enseigna ses délicats procédés ; il lui donna surtout l'exemple d'une vaillance qui se passait de gloire.

Une autre amitié lui fut infiniment précieuse. Jules Dupré n'était son aîné que de cinq ans, mais sa gravité douce lui donnait l'autorité d'un chef. Hébert apprit de ce grand rustique à fondre sa vision personnelle dans la vie universelle. Entre tous les conseils que lui donna le sylvain panthéiste, il devait surtout retenir celui-là : « Ne mettez jamais votre sentiment au régime ! » La méthode de Dupré ordonnait de s'abandonner à la nature avec candeur. « Ce fut pour moi, a déclaré Hébert, après la révélation de la beauté en Italie par l'art antique et par la race indigène, le second coup de foudre qui m'éclaira. »

N'est-il pas bon, Messieurs, de rappeler comment le service de l'art était consenti par ces âmes austères et quels échanges elles aimaient à faire de ce qu'il y avait en elles de plus pur ? D'un coin perdu de la montagne italienne, Hébert écrivait à Jules Dupré : « Je vous ai souvent envié, ô grand paysagiste, vous qui vous trempez à la vraie source de vérité, quand vous vous sentez affaibli. » Et il envoyait au cher conseiller, qu'il appelait « vieux maître », sa déclaration d'indépendance : « J'ai résolu de ne plus peindre que la chose ou le fait qui m'aura ému. »

Désormais la période d'initiation est achevée. Hébert sera traditionaliste parce que l'étude des maîtres l'a rendu respectueux des exemples immortels. Il sera idéaliste, étant un aristocrate de l'esprit. La nature trouvera en lui un perpétuel écolier, docile et ravi. Il aura toute l'humilité de l'artiste véritable ; il en aura aussi tout l'orgueil. Il a conquis de haute lutte le droit d'être lui. Il peindra désormais sous la seule dictée de son émotion.

Hébert avait été l'un des premiers de sa génération à étudier les Primitifs. Il avait lu les récits du drame sacré dans les églises de Toscane et d'Ombrie. A la basilique supérieure d'Assise, un génie inconnu a dit toute l'horreur du sacrilège de Judas. A l'Arena de Padoue, Giotto vint raconter à son tour le crime inexpiable. Les peintres sermonnaires du Trecento ont une balbutiante éloquence qui ne s'imite point. Si leur candeur ne se recommence pas, ils ont ouvert à l'art des perspectives infinies. Hébert osa re-

prendre, après tant d'autres, l'œuvre à jamais inachevée d'interprétation. Je ne sais rien dans toute
son œuvre de plus noble que son *Baiser de Judas*.
Une clarté surnaturelle inonde la face du Christ
tandis que tout le reste, la trahison et l'indifférence,
demeure noyé de ténèbres. Jésus se laisse souiller
de l'infâme caresse, mais sa pensée plane au-delà de
cette minute d'ignominie. Il est le Juste qui consent,
qui pardonne et qui sait. En venant ajouter au com-
mentaire inépuisable sa parole de sincérité, l'artiste
moderne semble vouloir dissimuler son savoir. Il
ne poussera pourtant jamais plus loin la science des
modelés, son don subtil de distribuer l'ombre et la
lumière. Mais ceci ne serait rien encore. Le poète a
guidé la main du peintre. Avec cette œuvre, d'un si
profond pathétique, Hébert atteignait au plus haut
style.

Un de ses confidents intimes lui demanda un jour
pourquoi il ne s'était pas voué dès lors à l'interprétation des grands drames de l'héroïsme et de la foi.
Il fit cette réponse : « Je n'ai pas osé. » Les maîtres
seuls connaissent ces timidités orgueilleuses.

Son caprice de voyageur le ramenait alors plus
volontiers vers les spectacles du drame humain. Il
s'arrêtait longuement, au pays italien, devant quelque belle créature qui passait, la cruche à l'épaule.
Ses *Cervaroles*, ses *Pasqua Maria*, ses *Rosa Nera*, ses
lavandières, vierges hautaines, matrones accablées,
enfants insoucieuses, semblent autant de reines
exilées. Les mauvais souffles du marais voisin ne

peuvent rien contre leurs formes pures. Les grands
artistes ont un type de beauté qui les hante jusqu'à
l'obsession. Toutes les princesses de Nattier gardent
le sourire des danses de Versailles ; Chardin, peintre
des ménagères, voit ses modèles dans le demi-jour du
foyer ; les filles de Rubens resplendissent de santé
triomphale. On a dit des femmes que peignait Hébert
qu'elles semblaient presque toutes se souvenir du
radeau de la *Malaria*. Il est rare en effet qu'elles
sourient. Elles ne daignent point pleurer. Sur leurs
lèvres closes erre une sorte de moue dédaigneuse qui
dit leur mépris du destin. Hébert a créé ainsi un type
inoubliable de suavité féminine. On en retrouve le
charme attristé chez la paysanne de Cervara, chez
l'épouse asservie du ménage rustique, chez la martyre chrétienne, jusque sous les diamants de la mon-
daine enivrée de luxe et de bonheur. Il les adorera
toutes en les plaignant. A la beauté de chacune
d'elles il ajoutera de la mélancolie et du mystère.

Ce rêveur attendri n'en travaillait pas moins dans
la joie. « Ah ! s'écriait-il souvent, que je suis heureux
d'être peintre ! » Mais dans les plus radieuses fêtes de
la nature il cherchait le secret douloureux. Un jour
au jardin de la maison natale, il s'oublia à contempler
un banc de pierre perdu dans l'ombre d'un petit bois.
Il fit le portrait de cette ruine charmante, dont un
rayon de soleil venait consoler l'abandon. Un grand
poète écrivit quelques stances au bas de ce paysage.
De ces vers de Théophile Gautier, je ne citerai qu'un

seul, où le doux et profond esprit d'Hébert est défini tout entier :

Pour l'œil qui sait voir les larmes des choses.

Plus de quinze années s'étaient écoulées depuis le succès de la *Malaria*. La célébrité s'était faite la compagne de ce nomade qui semblait la fuir. D'illustres amitiés songèrent à donner des consécrations officielles à cet indépendant. En 1867, la direction de l'Académie de France à Rome se trouva vacante. Le surintendant des beaux-arts, M. de Nieuwerkerke, l'offrit à Hébert. Il l'accepta aussitôt.

Qui donc a dit : « Le bonheur, c'est un souhait de la jeunesse exaucé dans l'âge mûr » ? Revenir, à cinquante ans, sur cette colline du Pincio où sa sensibilité s'était éveillée, retourner à la Villa Médicis investi de la magistrature spirituelle qu'il avait vu exercer par un Ingres, reprendre, une fois de plus, le chemin de cette Italie où restait la moitié de son cœur, c'était pour Hébert aller vivre un rêve. On lui confiait une dignité, il y vit un apostolat. Au prestige d'un nom célèbre il joignait sa fermeté souriante et sa fine courtoisie. Comment il comprit sa mission, est-ce à vous, Messieurs, qu'il faille le rappeler ? Il vous arrive de dire de quelques-uns de vos collègues : « C'est un Hébert. » Vous entendez par là que certains d'entre vous ont subi comme un sortilège. Lorsque Hébert, hier encore, venait prendre séance à l'Académie, il saluait de son bon sourire d'aïeul les anciens romains devenus ses confrères. On eût dit qu'il passait encore ses pensionnaires en revue. Et c'était fête dans tous les cœurs où se cultive la fleur de fidélité.

Il se prodiguait à sa fonction. Le direct ur de la Villa Médicis tenait, à Rome, la situation d'un ambassadeur de l'art français. Chez ce grand seigneur de la peinture ont défilé toutes les célébrités de l'univers. Les plus illustres virtuoses se sont fait applaudir dans ce salon, où les dieux de la musique n'étaient pas les moins vénérés. Mais ses meilleures heures, Hébert les passait, loin des bruits du monde, dans cet atelier ouvert sur les prairies de la Villa Borghèse. Plus d'un de vous est allé frapper à cette porte, qui s'ouvrait si facilement. Le maître s'interrompait de sa tâche pour commenter, de sa lente voix pénétrante, la splendeur des Stances de Raphaël ou la majesté de la Sixtine. Vous alliez chercher là le mot qui ranime, le conseil qui exalte. Vous jetiez les yeux sur le chevalet : c'étaient la *Pastorella*, la *Zingara*, ou quelque portrait d'une élégance altière. Le talent du maître s'épurait encore dans la chère lumière retrouvée. Ceux-là mêmes qui lui avaient reproché parfois de trop « mélancoliser » l'Italie saluaient chez lui un renouveau de force et de santé. La *Lavandara*, qu'il peignit alors, semble oublieuse des menaces de la fièvre. Elle est pleinement consciente de se savoir belle ; elle montre toutes les perles de son sourire. Elle proclame la pensée heureuse de son poète et, comme lui, s'abandonne à la joie.

A cette période de bonheur de sombres jours

allaient succéder. Lorsque éclata le coup de foudre
de 1870, Hébert, relevant de maladie, se trouvait
dans l'Isère. A la nouvelle de l'entrée des Italiens dans
Rome, il trembla pour l'autonomie de la Villa Médicis;
il écrivit aussitôt au commandement des troupes
royales, en un style dont la fierté fut comprise. Peu
après, il regagnait son poste. Il s'arracha alors et de
la chère maison paternelle et du sol sacré que mena-
çait l'invasion. Ainsi que tant d'autres, ce bon Français avait cru jusqu'alors qu'une providence particulière préservait sa patrie du malheur. Le patriotisme
sommeillait dans les plus nobles cœurs comme un
sentiment auquel serait permis le repos. D'admirables vers de Sully-Prudhomme expriment, avec des
mots trempés de larmes, cette sorte de langueur où
s'endormaient les énergies ; un réveil atroce rendit
aux âmes généreuses la piété jalouse. L'heure n'était
plus ni au dilettantisme de l'art pour l'art, ni aux
coquetteries du cosmopolitisme. Hébert eut alors une
de ces inspirations comme en avaient les maîtres
d'autrefois, lorsque le sang coulait dans les rues, aux
jours de haine et de cruauté. En jetant un regard
d'adieu sur ce verger superbe du Dauphiné, qu'il
craignait de quitter pour toujours, il fit un vœu. Il
jura, 'il retrouvait la vallée natale préservée des
souillures de l'envahisseur, de suspendre dans l'église
de son village l'image de la madone préservatrice.
Ainsi aurait fait Fra Angelico en tremblant pour sa
Florence bien-aimée. L'artiste des temps modernes
et le bienheureux de Fiesole communièrent ce jour-

là, à travers les siècles, dans un même idéal de candeur et d'amour.

Il regagna la Villa Médicis. Il n'y retrouvait point tous ses pensionnaires ; plusieurs d'entre eux étaient retenus là-bas par le grand devoir. Alors pour la première fois de sa vie, Hébert vit dans l'Italie une terre d'exil. Les lettres qu'il envoyait à ses amis d'élection trahissaient les déchirements d'une âme prisonnière.

Tous ses pensionnaires lui étaient chers. Il n'avait pu pourtant se défendre d'une préférence pour l'un d'entre eux, un être d'exception, un indépendant, presque un indocile, type éclatant de jeunesse débordante en qui l'on sentait palpiter le génie. Hébert avait voué à Henri Regnault une tendresse inquiète Regnault, qu'aucun obstacle n'arrêtait dans la satisfaction d'une passion ou dans l'accomplissement d'un devoir, n'était pas revenu. Il avait couru où était le danger. Il devait ne jamais revenir. Une balle brisa ce front promis à la gloire. Ce fut pour Hébert un coup terrible. Il écrivait à Gounod : « L'Académie a donné pour la cause de la défense nationale le plus précieux et le plus cher de ses enfants. Pauvre petit Regnault ! C'était un diamant incomparable, dont j'aimais le charme et l'éclat. » Et voici en quels termes il plaignait le malheureux père : « S'il peut y avoir une consolation dans cette amère douleur, c'est de penser qu'il meurt, le cher enfant, de la plus glorieuse mort qu'on puisse rêver et pour la plus sainte cause. Il n'a connu que la poésie de la vie et il a cueilli

la palme des héros martyrs. Qui n'enviera cette existence et cette mort ? Son nom sera doublement
immortel. » Ah ! Messieurs, que ces simples paroles
disent bien le double hommage que veulent les
héros : cri de douleur et cri de fierté ! Les hommes
qui ont vécu l'année terrible se sentent à la fois meur-
tris et consolés lorsqu'ils passent devant le monument où sont gravés les noms de Regnault et de ses
camarades d'immortalité. C'est outrager nos jeunes
générations que de les supposer capables de laisser
tomber en déshérence ce patrimoine de deuil et
d'exemple. Mais, avec les pures passions héréditaires,
conservons aussi les rudes formules qui les définis-
saient ! Nous entendons souvent aujourd'hui dire
de ceux qui tombent pour le drapeau : « Ce sont des
victimes du devoir. » Assurément l'expression est
belle. Nos pères disaient mieux : « Morts au champ
d'honneur ! »

Et puis la vie reprit son cours. L'ordre et la paix se
rétablirent dans la maison voilée de deuil. Le directeur et ses pensionnaires se remirent au travail. Dans
l'atelier d'un jeune statuaire s'ébauchait le mâle
chef-d'œuvre qui devait dire, au nom de tous, la
parole d'invincible espoir : Mercié sculptait le *Gloria
Victis*. Hébert, lui, était tout entier à l'accomplissement de son vœu. La *Vierge de la Délivrance*, qu'il
avait promise au village dauphinois, est avec la
Malaria le plus populaire de ses ouvrages. La gravure
a vulgarisé cette madone qu'on admire encore aujour-
d'hui dans l'église de La Tronche. L'ordre du maître

est qu'elle demeure là toujours ; vous sauriez, Messieurs, s'il en était besoin, vous faire les gardiens de sa volonté... En vain lui parla-t-on quelquefois de donner à son œuvre de prédilection une place plus pompeuse. Il répondait : « Je n'ai peint cette Vierge ni pour le profit, ni pour l'honneur. »

Comment n'eût-il pas été hautement inspiré, lui, le peintre de la femme, le chercheur de spiritualité, par ce type de la Vierge-mère où les artistes de tous les temps chercheront toujours l'expression suprême du sacrifice ?

Il en avait étudié le mystère devant les raides madones primitives ; il avait regardé la vierge byzantine s'adoucir sous l'influence franciscaine ; elle lui était apparue encore, parée tantôt de splendeur royale, tantôt de grâce rustique, aux porches de nos cathédrales françaises ; sous les doigts amoureux de Raphaël, il l'avait vue s'épanouir et s'humaniser. Hébert voulut se souvenir à la fois de tous les maîtres et de toutes les formes de leur prière. Il se rappela aussi que les Siennois du XIIIᵉ siècle peignaient Marie sur leurs gonfalons. Sa Madone se dresse, en sa majesté triste, comme un symbole d'espérance. Tout un avenir dort en ses yeux profonds. Cette Vierge de la Délivrance, conçue par un artiste patriote dans un élan de foi ingénue, c'est quelque chose de plus encore qu'une admirable belle œuvre d'art ; c'est l'ex-voto d'une génération.

Lorsque Hébert revint de Rome, ayant résigné ses fonctions de directeur de la Villa Médicis, l'Académie des beaux-arts l'accueillit à bras ouverts. Tout l'imposait, l'éclat de ses talents, l'indépendance de son caractère, la haute dignité de sa vie. On lui savait gré ici d'avoir traversé, en diplomate aussi avisé que loyal, le moment difficile pendant lequel le gouvernement de notre école romaine avait été enlevé à l'Institut par un caprice du pouvoir. Le 21 mars 1874 il était appelé à la succession de Couder. Il retrouvait à l'Académie deux compagnons bien-aimés de sa jeunesse, Lefuel et Gounod.

Peu après, une occasion lui était offerte d'affirmer le grandissement qui s'était fait dans sa manière et dans sa pensée. M. de Chennevières, alors directeur des beaux-arts, avait conçu le plan d'une grandiose décoration du Panthéon. Chennevières voulait que la décoration de l'abside résumât la pensée maîtresse de l'œuvre. Il voulait encore que cette pensée fût écrite dans cette langue du mosaïste qu'un vieux maître toscan appelait « la peinture pour l'éternité ». Hébert vit là un beau prétexte de recommencer un apprentissage. Il alla revoir à Venise, à Ravenne, à Rome, à Palerme, les grandes pages des décorateurs anciens. Il rapporta de ce voyage des cartons bourrés d'études. On ne comprend quel chercheur il fut de la perfection qu'en feuilletant ces notes prises de verve devant les modèles qu'il rêvait d'égaler. Ce fut seulement en 1884 que le public put juger ce grand travail. L'œuvre apparut grandiose, farouche, imposante par sa simplicité même, digne de la majesté du lieu. Le programme religieux et patriotique était rempli :

« Le Christ révèle à l'ange de la France les destinées de son peuple. » A la droite du Christ, la Vierge, dans l'attitude hiératique des « orantes », intercède pour la France. L'ange tutélaire, le glaive en main, semble attendre les inévitables réparations. De chaque côté du groupe sacré, se tiennent agenouillées deux femmes de France, les plus saintes et les plus pures, la bergère Geneviève dont le sourire fit reculer l'invasion et cette autre protectrice immortelle, Jeanne d'Arc, transfigurée par le martyre. Ce fut pour Hébert un triomphe.

Presque au lendemain de cette consécration nouvelle, il était appelé pour la seconde fois à la direction de la Villa Médicis. Il y revenait non pas seulement en représentant du gouvernement, mais en mandataire de l'Académie.

Le pâle étudiant romantique, le tremblant pèlerin de 1840, le vaillant directeur de l'année terrible était devenu un patriarche couronné de neige. Mais sous les blancs sourcils l'œil de feu brillait toujours. La même foi animait encore cette énergie qui refusait de vieillir. La même loi courbait cette volonté sereine : travailler, travailler encore, travailler jusqu'au dernier souffle. Hébert écrivait alors à un ami : « A mesure que j'avance plus loin dans la vie, je deviens plus insatiable de perfection. » L'atelier planté sur la muraille romaine attendait son hôte. L'inspiration de l'idéaliste obstiné allait encore s'épurer et s'agrandir. Il se plut alors aux sujets épiques. Ce fut à ce moment qu'il peignit la figure superbe sous laquelle

il écrivit cette dédicace : *Aux héros sans gloire.* Cette
fière beauté s'accoude sur une stèle où pas un nom
n'a été gravé. C'est en sa mémoire fidèle que s'inscri-
vent les héroïsmes oubliés. A l'artiste détaché des
vanités passagères, au penseur chargé d'années, au
chevalier de toutes les nobles causes, la Beauté apparaissait comme l'interprète de toute justice et la
réparatrice suprême.

Il est une autre œuvre d'Hébert à laquelle il ne
cessait de travailler alors, presque en secret. La capitale modernisée du jeune royaume, cette Rome
active, bruyante, utilitaire, ce n'était plus l'asile
adorable des amants du passé. Dans cette joyeuse
ville bouleversée Hébert ne reconnaissait plus la
cité du souvenir et du silence. Chaque jour il voyait
tomber sous la pioche quelque morceau d'histoire :
ces débris glorieux qui s'envolaient en poussière, il
lui semblait qu'on les lui arrachait du cœur. La
Rome de ses premières amours lui apparut alors sous
les traits d'une muse irritée. Elle était semblable à
l'une de ces robustes filles du Transtévère qui gardent
dans leur démarche quelque chose de la majesté du
peuple romain. Sa beauté de médaille antique s'était
encore anoblie au souffle de Michel-Ange. Sur ses
épaules magnifiques elle portait le fardeau des siècles,
un monde de crimes, de repentirs et de vertus, toute
sa sublime et sanglante aventure. Elle avait vu passer
devant elle la brutale chevauchée d'Alaric et con-
templé sans frémir les incendies de l'invasion. Rien
n'avait pu faire baisser son regard.

Maintenant elle se raidissait con're une barbarie nouvelle. Après l'insulte des hordes gothiques, l'outrage lui venait de ses propres fils ; et c'était pour la rendre plus belle que des impies mutilaient sa beauté. Hébert s'éprit éperdument de ce fantôme : il s'enferma avec lui. Il ne montrait sa *Roma sdegnata* qu'à de rares initiés. Il eût voulu ne la jamais finir. Il ne put consentir à s'en séparer. Bientôt, nous pourrons tous admirer cette œuvre magnifique où l'élégiaque s'est fait tragédien. C'est un cri de regret, presque de colère, qu'a voulu pouser la voix mélodieuse. Cette sibylle, échappée des voûtes de la Sixtine, pleure sur les ruines désespérément. Elle laisse tomber sur les travaux humains tout le poids de son mépris. Elle porte en elle le deuil de tout ce que l'humanité saccage de beauté dans sa course. Hélas ! chaque génération recommence à sa manière le crime d'Attila. Et c'est une loi cruelle qui veut que les constructions de l'avenir se fondent sur des paradis dévastés. Mais il n'est pas de poésie qu'aux nécropoles et de vertu que dans le passé. C'est la douloureuse rançon de ceux dont la destinée se prolonge qu'il leur faille, avant de partir eux-mêmes, voir beaucoup de choses aimées, et d'idées saintes, et d'êtres chers s'évanouir avant eux. Hébert prit cette muse dédaigneuse pour confidente de son adieu à tout ce qu'il avait dû regarder mourir. Mais ce serait méconnaître l'inépuisable générosité de son cœur que de voir dans la *Roma sdegnata* l'interprète d'une philosophie du renoncement. Il l'a placée pour qu'elle

pût mieux contempler la gloire détruite, sur les
hauteurs de la Villa Médicis. Mais lui-même, sous
ce vieux toit dont il était seigneur, que faisait-il
alors, sinon d'aider de tout son zèle à l'œuvre future ? Avec quelle indulgence il permettait à la jeunesse d'affirmer sa foi dans la vie ! Il n'était pas de
ceux qui maudissent l'avenir. Son secret désir eût
été de terminer ses jours dans la maison de l'espérance.

Ce fut une douleur pour lui de quitter la colline
du Pincio pour la troisième fois. Il s'était enraciné
sur le sol romain. « Rome m'a enlacé », écrivait-il
à Henner. Nous crûmes un moment qu'il ne nous
reviendrait plus, qu'il resterait, comme Poussin,
comme Claude Lorrain, le prisonnier volontaire de
la grande ensorceleuse. Mais trop d'amitiés le rap-
pelaient ici, dans l'autre Ville souveraine qui sait si
bien conférer la gloire. Écoutez dans quels termes
il annonçait son retour à Gounod : « Cher musicien
bien-aimé, nous allons enfin rentrer chez nous, dans
notre cher pays où l'on sait pratiquer l'amitié. Es-
pérons que malgré notre lointaine origine nous vi-
vrons encore longtemps, appuyés l'un sur l'autre, la
main dans la main. »

De suprêmes honneurs l'attendaient à Paris. Il
n'avait jamais daigné les solliciter ; il les reçut avec
la dignité la plus simple. Nous le revîmes dans tous
les milieux où sa présence était joyeusement fêtée.
Ici d'abord, où ses moindres paroles se recueil-
laient comme des oracles. Il nous arrivera souvent

encore de jeter les yeux vers la place qu'il a laissée vide. Rappelez-vous le jour où il plaida, une fois de plus, la cause, souvent discutée, toujours victorieuse, de sa chère Villa Médicis. Ses alarmes étaient sans doute exagérées, mais qu'il était beau à voir, ce vétéran des anciennes batailles, marchant au canon comme une recrue ! Il partageait ses loisirs entre toutes les nobles joies qui avaient charmé sa vie. A ses côtés veillait une tendresse féminine, doucement obstinée, qui prenait dans un cœur d'épouse une grâce filiale et une force maternelle. Notre bon maître se laissait conduire par la main partout où son inlassable curiosité le sollicitait ; soirées intimes, où, après avoir célébré la peinture et la poésie, on se grisait de musique ; représentations théâtrales, où le lettré passionné allait applaudir une renommée naissante ou revoir un chef-d'œuvre. Chaque année, le doyen de l'art français était fidèle au rendez-vous du Salon. Un jour, en face d'un rayonnant portrait de jeune femme, une unanime acclamation jaillit des poitrines. L'ancêtre jeta alors sur la foule un regard d'amour :

> Et l'on voit de la flamme aux yeux des jeunes gens,
> Mais dans l'œil du vieillard on voit de la lumière.

Toute la personne d'Hébert s'était spiritualisée. Grâce à l'un de vous, cet incomparable exemplaire de grandeur intellectuelle sera conservé. Aimé Morot a voulu peindre le portrait de l'aïeul. Ce chef-d'œuvre est placé, au musée du Luxembourg, en face d'un des chefs-d'œuvre d'Hébert, le *Baiser de Judas*. Il y a dans cette blanche figure la majesté d'un mage, mais d'un mage indulgent à l'humanité. L'ouvrier sans reproche a fini sa journée ; les outils n'ont point quitté ses doigts, mais il se repose un moment et s'abandonne à la rêverie du soir. Il regarde au fond de sa conscience. Il écoute lui parler la voix intérieure qui ne ment jamais. Que lui dit-elle ? « Tu peux être en paix avec toi-même. Tu as fait un loyal usage des dons qui t'étaient départis. Tu t'es approché de l'autel d'un cœur fervent ; tu y es monté à ton tour, ainsi qu'un digne fils des célébrants du grand culte. Le monde n'a été pour toi qu'un clair miroir où se reflétait ton rêve. Tu n'as jamais été que toi-même. Une seule religion a rempli ta vie. Tu n'as aimé ici-bas que ce qui mérite l'amour. Il n'est pas dans ta longue existence une heure que tu aies à regretter. Tu laisseras après toi, avec le parfum d'une pure mémoire, des œuvres dont se réjouiront les yeux des hommes et qui défendront ton nom de périr. »

Hébert pouvait murmurer le *Nunc dimittis* du sage qui n'attend plus rien de la terre. La mort le toucha respectueusement. Il était retourné au pays natal, auprès des ruisseaux qui avaient bercé ses premiers songes. Une brise traîtresse de la vallée vint glacer ce cœur infatigable.

Sur la tombe où il repose, auprès de la Madone de son vœu, on pourrait graver deux lignes d'un écrivain du moyen âge. Le bon peintre Cennino Cennini a laissé un traité savant où sont énumérés les procédés de l'art de peindre. Les formules du vieil artisan ont pu périr. Ce qui reste vrai de son livre, c'est une hiérarchie des vocations : « *Il y a, dit-il, ceux qui vont à l'art pour le gain et ceux qu'y conduit la beauté de leur âme.* »

ERNEST REYER [1]

Il y a dans l'histoire de la musique plus d'un souvenir de renommée précoce. Tel n'a pas été le lot d'Ernest Reyer : il fut le vivant exemple du succès tardif. Aussi l'étude de sa carrière comporte-t-elle un double enseignement. Les pessimistes peuvent considérer son cas particulier comme une leçon de prudence, un peu amère, à l'usage des jeunes compositeurs. Peut-être est-il d'une philosophie meilleure d'y voir la preuve qu'ici-bas tout arrive, même la justice, et que la gloire sait récompenser tôt ou tard les âmes dignes de la mériter.

C'est pour cette dernière interprétation que Reyer lui-même avait opté. A défaut d'autres richesses, la destinée l'avait gratifié d'un don inestimable, la bonne humeur. En son stoïcisme joyeux, il crut toujours que le sort lui devait une revanche ; cette

1 Notice lue à l'Académie des beaux-arts dans la séance du 11 novembre 1911.

revanche, il a passé à l'attendre les trois quarts de sa vie. Ce n'est pas tout d'attendre, il y a la manière. Examiner de quelle manière Reyer attendait, c'est l'occasion de saluer une des plus droites consciences d'artiste que notre époque ait admirées.

Louis-Étienne-Ernest Rey (1) — notre confrère ne prit que plus tard le nom romantique de Reyer — était de tranquille bourgeoisie. Il va sans dire que sa vocation musicale rencontra comme premier obstacle l'opposition de sa famille. Les parents de Reyer jugeaient la profession de compositeur peu lucrative ; cela fait moins honneur à leur libéralisme qu'à leur clairvoyance. Ces bonnes gens, bien que presque marseillais, faisaient pour leur fils des rêves sans exagération : ils l'avaient voué à la comptabilité. L'enfant, déjà d'esprit contrariant, ne montrait qu'une seule aptitude, celle de chanter du matin au soir. Reyer nous disait un jour : « Figurez-vous que j'ai eu une adorable voix de soprano. » Et il ajoutait immédiatement, avec le clignement d'yeux que vous vous rappelez et le demi-sourire caché dans la rude moustache : « Pourquoi riez-vous ? » Insensibles au charme de ce soprano, ses père et mère, dès qu'il eut seize ans, l'exilèrent en Alger pour y apprendre la tenue des livres. Son oncle maternel le mit en face de belles feuilles de papier administratif ; le premier soin de l'apprenti comptable fut de s'en servir pour écrire des romances. Il ignorait absolument la mu-

1. Né à Marseille le 1er décembre 1823.

sique, il savait seulement qu'il ne voulait pas être autre chose que musicien. Quelque huit années se passèrent ainsi, où le jeune homme se conduisait comme le moins appliqué des bureaucrates et le plus indiscipliné des neveux. Cependant les morceaux de chant et de danse se succédaient sur le papier de la trésorerie d'Alger. Avec la belle témérité de ses vingt-quatre ans, Reyer se hasarda même à composer une messe solennelle à l'occasion de l'arrivée du duc d'Aumale, gouverneur général de l'Algérie. Cette messe fut chantée à la cathédrale. Bien des années après, Reyer s'amusait de ce souvenir : « Et vous savez, disait-il, elle n'était pas si mal, cette messe ! » Toutefois il n'a jamais demandé que l'exécution en fût reprise.

Quelque peu oisif, en dépit des premières impétuosités de sa verve musicale, il songea à se distraire par une grande passion ; c'était fort à la mode à la fin du règne de Louis-Philippe. Il aurait eu, paraît-il, avec une chanteuse en tournée à Alger une petite aventure de style byronien. Il songea à engager sa vie ; il n'y songea point plus longtemps qu'il ne convenait. On raconte pourtant qu'il fallut presque employer la force pour venir à bout de l'intrépide séducteur. Reyer avait médité un enlèvement ; ce fut lui qu'on enleva. Ce dernier déboire le dégoûta définitivement de l'Algérie. Peu après, sans un sou vaillant, n'ayant que l'espérance en poche et toutes les ambitions dans la tête, il s'enfuit à Paris. Il y débarquait au lendemain des journées de février 1848 ;

c'était mal choisir son moment pour offrir des romances aux Parisiens.

La première chose que fit le jeune musicien, à son
arrivée, — et dont il s'était médiocrement soucié
jusqu'alors, — ce fut d'apprendre la musique. Il eut
pour professeur unique — et excellent — une de ses
tantes, Mme Louise Farrenc, fort estimable artiste
dont peu de gens se souviennent aujourd'hui.
Mme Farrenc, professeur de piano au Conservatoire,
ancienne élève de Hummel, était rigoureusement
classique ; c'est dire qu'elle n'offrit que de purs principes à l'inquiétant nourrisson qu'elle avait adopté.
Reyer proclama toujours qu'il devait beaucoup à
cette digne et savante personne. Son complément
d'éducation, il le demanda aux maîtres eux-mêmes,
surtout à ses deux modèles préférés Glück et Weber.
Les hommes de cette génération avaient l'âme ardente. Quel foyer d'enthousiasme que ce Paris de
1848 ! Reyer s'enrôla dans une compagnie d'idéalistes où il marqua aussitôt sa place. Les amis qui
l'accueillaient s'appelaient Henri Heine, Gérard de
Nerval, Baudelaire, Gustave Flaubert, Méry, surtout Théophile Gautier, Théo, idole des bousingots
et terreur des philistins. Entre Gautier et Reyer
s'établit une amitié qui devait durer toujours. Mais
celui que Reyer choisit, non pas encore pour un ami,
— il n'eût osé, — mais pour le chef exemplaire, ce
fut Berlioz. Orageux, génial et mécontent, Berlioz,
avec son intransigeance hautaine, incarnait alors le
type du pur artiste persécuté. Ce n'est pas le moment

d'examiner si ce très admirable musicien a été aussi martyrisé qu'il lui plaisait à dire. N'importe ! aux environs de 1848 il était admis, dans les cénacles, que la bourgeoisie conspirait contre le génie ; Berlioz passait pour la victime expiatoire de ce noir complot. C'en était assez pour qu'un débutant du tempérament de Reyer, enthousiaste, frondeur, indiscipliné avec délices, vouât à Berlioz un culte de dulie. Presque aussitôt le maître daignait encourager le coup d'essai de son disciple : le *Selam*, ode symphonique, écrite sur un poème de Théophile Gautier, obtint le suffrage du grand musicien qui était, à ses heures, un critique redouté. Les éloges de Berlioz avaient tout le prix des choses rares ; elles encouragèrent grandement le débutant. Le public, de son côté, fit au premier ouvrage important de Reyer un aimable accueil. *Le Désert* de Félicien David venait de mettre à la mode l'orientalisme musical ; Reyer était arrivé d'Algérie, les souvenirs imprégnés encore de la poésie de la vie arabe. Il avait traité ce sujet du *Selam* en délicat coloriste et avec des audaces heureuses.

Cependant il menait, parmi ses amis romantiques, une agréable vie un peu indolente. Quelle fut sa part de collaboration dans l'œuvre d'un de ses plus chers camarades, un chansonnier qui était un grand poète ? Pierre Dupont recommençait alors en pleine vie moderne le lyrisme des âges primitifs ; il disait en sa poésie chantée les rêves d'une génération qui rêvait beaucoup. Dupont ne connaissait guère la musique

que comme la connaissent les oiseaux. Reyer, déjà
bourru peut-être, mais, à coup sûr, déjà bienfaisant,
transcrivait sous la dictée les idées mélodiques du
chanteur. Lorsque Dupont mourut, pendant l'été
de 1870, — pauvre épave humaine emportée par la
première vague de la tempête, — Reyer adressa à sa
mémoire un hommage attendri. Il mit quelque coquetterie à restreindre sa part de collaboration dans
l'œuvre musicale de son compagnon de jeunesse.
Il est probable qu'il a été, au contraire, l'unique
auteur de plusieurs des célèbres mélodies. Ces belles
chansons, il est fâcheux que la voix populaire les ait
désapprises! Quelques-unes sommeillent au fond des
mémoires. Il suffirait, pour les réveiller, d'une de ces
heures solennelles où les âmes françaises vibrent à
l'unisson.

Mais la grande tentation de Reyer, sa vocation
irrésistible, c'était le théâtre. Trois ans après le succès
du *Selam* il faisait représenter *Maître Wolfram*. Ses
amis littéraires s'étaient mis à cinq ou six pour écrire
ce gentil poème d'amour. Grâce à la musique de
Reyer, émouvante et simple, avec un fond de mélancolie germanique, cette historiette plut au public
du Théâtre Lyrique (1854). Vous souvient-il, Messieurs, de ce Lyrique du boulevard du Temple ? Il
m'apparaît comme au fond d'un rêve ; je vois confu-
sément sa tribune en rotonde, décorée de peintures
voyantes. Ces peintures, j'aime à me figurer qu'elles
étaient très belles, sans doute parce qu'elles l'étaient
et aussi parce que j'avais alors six ans. Pénétrer dans

ce lieu fantastique a été l'une des ambitions de mon enfance. Là, on ne saurait l'oublier ici, a été le berceau de la gloire de Gounod.

Maître Wolfram, essai timide de Reyer au théâtre, eut encore l'heur de plaire à Berlioz : « Les mélodies de M. Reyer, disait le sévère critique, ont du naturel ; elles touchent souvent, il y a du cœur et de l'imagination. » Il ajoutait : « Ce qui lui manque, c'est l'habitude d'écrire, le procédé, le mécanisme, le prix de l'Institut. » Ainsi, au témoignage de Berlioz, — nous ne le lui faisons pas dire, — le prix de l'Institut aurait donc du bon ? J'ai bien peur qu'en 1854 le jeune Reyer n'ait éprouvé pour les académies et leurs récompenses qu'un mépris absolu et tranquille ; c'était alors un état d'âme presque obligatoire. Peut-être quelques membres de l'Institut l'ont-ils connu eux-mêmes, et cela leur rend le pardon facile.

Déjà le théâtre avait conquis Reyer tout entier. En 1858, il donnait le ballet de *Sacountala*, d'après le poème mimé extrait par Théophile Gautier d'un drame hindou. Une charmante ballerine, Mme Ferraris, aida gracieusement au succès. *Sacountala* eut, en deux années, jusqu'à vingt-quatre représentations, nombre chimérique pour l'époque. Mais l'auteur de *Sacountala* médita vite une œuvre plus importante ; dans les milieux informés on parlait de son opéra la *Statue*. La représentation de la *Statue* subit quelques retards par suite d'un changement de direction, au Théâtre-Lyrique. Reyer faillit se brouiller avec le directeur du théâtre ; un peu de

papier timbré fut même échangé. Les deux adversaires fort heureusement étaient gens d'esprit. Ils
étaient apaisés dès la première répétition ; le succès
les réconcilia définitivement (11 avril 1861). D'une
féerie tant soit peu naïve Reyer avait su faire un
frais poème de jeunesse et d'amour. Plusieurs passages, le chœur des fumeurs d'opium, celui de la
caravane, la cantilène de Margyane au puits du désert, deviurent célèbres du jour au lendemain. Rien
ne manqua au prestige de la *Statue*, pas même l'apparence d'une manifestation révolutionnaire. La
partition de Reyer était en avance sur le goût de
l'époque. Le public de 1861 venait, quelques semaines
auparavant, de siffler furieusement *Tannhauser*. Le
Lyrique du boulevard du Temple passait pour la
maison des audaces. Oui, Messieurs, Reyer et Gounod ont épouvanté! Ces choses-là doivent toujours
être méditées par ceux qui exercent cette magistrature incertaine qui s'appelle la critique. Un autre
danger serait d'en conclure qu'il suffit aux jeunes
gens de faire peur au pauvre monde pour devenir des
Reyer ou des Gounod. Cette fois encore, nous aurons
recours au jugement de Berlioz. Il disait du compositeur de la *Statue* : « C'est un musicien amoureux
du style et de l'expression vraie. On trouve partout
un sentiment profond, une originalité naturelle de
mélodie, une harmonie colorée. »

Peu de mois après, le maître et le disciple fraternisaient dans le succès. C'était le temps, quasi fabuleux, où la Forêt Noire se trouvait située dans les

environs de Paris. Un homme d'affaires heureux, qu'on surnommait le Roi de Bade, intelligence éminemment éclectique, couvrait de la même sollicitude l'art lyrique et le trente-et-quarante. Pour l'inauguration du coquet petit théâtre qu'il avait édifié à grand frais, Benazet fit représenter *Béatrix et Bénédict* de Berlioz (août 1862). Quelques jours après, une troupe d'élite interprétait l'*Érostrate* de Reyer. L'Opéra de Bade offrait cette singularité d'être à la fois un théâtre parisien et une scène de cour allemande. A la première d'*Érostrate*, la reine de Prusse donna le signal des applaudissements ; elle manda l'auteur dans sa loge pour le féliciter. Ne l'oublions pas, nous sommes en 1862, à cette époque légendaire où il faisait si bon d'admirer dans l'Allemagne la rêveuse patrie innocente d'un Schiller ou d'un Henri Heine. C'était à Bade, au sein d'un paysage hospitalier, dans un décor de grâce et de paix, que Reyer trouvait cet accueil flatteur. Ce gentil coin de Bade est un des lieux du monde les plus favorables aux mirages de l'optimisme. Reyer s'y croyait deux fois chez lui, comme Parisien et comme musicien. L'allée de Lichtenthal le conduisait tantôt à la villa de Pauline Viardot, tantôt dans la maisonnette où Clara Schumann se nourrissait de souvenirs ; après un dîner égayé par Méry, on allait, sous une lune d'été, rêver devant la cascade de Geroldsau de la fonte des balles de *Freischutz*. C'était d'un délicieux dilettantisme et du cosmopolitisme le plus ingénu. Reyer était fêté par tous ; on pleurait à son idylle

tout allemande de *Maître Wolfram*, on le chargeait
de diriger, à la Conversation, un festival interna-
tional. Sans avoir à se plaindre gravement du public
parisien, il n'en avait point reçu d'excessives faveurs.
A vrai dire, les Français n'aimaient pas encore la
musique pour elle-même ; c'était l'époque où une
maîtresse de maison, aussi célèbre que charmante,
disait joliment : « A mes soirées, j'ai toujours de la
musique ; cela fait causer plus agréablement. »
Reyer pouvait, de son côté, dire sans trop d'injustice :
« L'Allemand aime la musique, l'Italien la goûte, le
Français ne la déteste pas. » Par ferveur d'artiste,
un peu aussi par esprit de contradiction, il devint,
sans y voir aucun mal, amoureux de la candide et
harmonieuse Allemagne. Le ministre Walewski lui
confiait la mission d'étudier le mouvement musical
dans les théâtres allemands. Il prit ce mandat au
sérieux, j'allais dire au tendre, faisant passionnément
son enquête, mais l'interrompant volontiers pour
les pieux pèlerinages obligés, celui de Weimar à
l'ombre de la pensée de Gœthe, à Dresde encore sur
la tombe de Weber. Chemin faisant, il admirait, il
enviait cette dévotion de tout un peuple à l'art musical ; il souhaitait pour son pays le même idéal. Il
saluait dans l'Allemagne la terre promise des musiciens.

Eh bien ! Messieurs, au lendemain de 1870, il s'est
rencontré des gens pour chercher à Reyer on ne sait
quelle querelle perfide et pour lui reprocher, quoi
donc ? de n'avoir pas, en 1862, deviné dans l'Alle-

magne de Schumann la Prusse du prince de Bis-
mark. Ces *Souvenirs d'Allemagne*, dont on lui faisait
si méchamment grief, il eut la loyauté, — l'habileté
aussi, — en 1875, de les publier intégralement.
« Qu'on n'oublie pas, notait-il au bas d'une page,
que ceci a été écrit, il y a cent ans, il y a dix ans,
veux-je dire. » Il disait vrai ; entre ses illusions de
touriste et sa douleur de patriote, un siècle s'était
passé, et creusé un gouffre, et écroulé un monde.

Aussi bien, Reyer a-t-il été l'un des premiers à se
ressaisir. Cette génération a trouvé l'expression suprême de son deuil dans les beaux vers repentants
de Sully-Prudhomme :

> ... Naguère je dispersais
> Sur l'univers ce cœur français ;
> J'en suis maintenant économe.

Lorsque notre vie artistique reprit son cours,
Érostrate fut exécuté à l'Opéra. Ce fut, en effet, une
« exécution ». Toutes les malveillances et toutes les
malchances semblèrent s'acharner sur l'œuvre et sur
la personne du compositeur. Les interprètes, hâtivement recrutés, soutinrent mal l'ouvrage. Un incident tragi-comique acheva la déroute : une belle et
irascible cantatrice crut devoir aller quereller, jusque sur son siège curule, un critique influent et le
gifler en toute simplicité. Paris s'égaya à l'excès de
cet incident. *Érostrate* en souffrit : dès la seconde
représentation cet opéra disparaissait de l'affiche.
Il y avait là un véritable déni de justice. La décep-

tion était cruelle ; Reyer la ressentit profondément.
Il avait trop d'esprit pour maudire ses juges, il se
moqua d'eux. Le feuilletoniste vengea le musicien.

Depuis longtemps, il avait demandé aux lettres
une distraction et un réconfort. Il était né écrivain,
dans la belle tradition, avec l'abondance, la gaîté
et le pouvoir de se faire lire. En 1866, le feuilleton
musical du *Journal des Débats* était devenu vacant ;
pendant trente ans Berlioz y avait campé comme
en une forteresse d'où il tiraillait en l'honneur de ses
dieux et contre ses haines. La fatigue lui avait fait
tomber la plume des mains. Prendre le feuilleton des
Débats après Berlioz, c'était une fois de plus ressembler au chef, c'était continuer sa farouche campagne
pour le grand art. Reyer accepta la succession ;
l'aimable intervention de Gounod lui rendit les dé-
marches faciles. S'il continua Berlioz ce fut dans une
tout autre manière. Le maître se mettait volontiers
en colère, le disciple affecta de ne se fâcher jamais.
Il sembla avoir pris pour devise la célèbre parole :
« L'ironie est la consolation du juste. » Ses plaisan-
teries parurent plus d'une fois plus redoutables que
des invectives. Rien ne peut faire mieux comprendre et aimer Reyer écrivain que le feuilleton
qu'il écrivit, en octobre 1871, au lendemain de la
chute d'*Érostrate*. C'est un chef-d'œuvre de malice,
sous un faux air de résignation. « Ce qui sauvera
peut-être ma partition de l'oubli, écrivait le vaincu,
c'est qu'elle pourra servir de point de comparaison.
On dira, en parlant d'un opéra ennuyeux : c'est pres-

que aussi ennuyeux ou beaucoup plus ennuyeux qu'*Érostrate*. » Il affectait de n'accuser personne de son malheur. Il couvrait tous ses collaborateurs, jusqu'à la belle cantatrice dont le geste énergique n'avait pas peu contribué au désastre. Il usait envers elle d'une mansuétude peut-être plus impitoyable que la colère. Pour conclure, il affirmait sa confiance dans un progrès de l'intelligence musicale du public ; il avouait son espoir d'une revanche prochaine.

Cette revanche, il l'a attendue treize ans.

La chute d'*Érostrate* est de 1871 ; c'est seulement en 1884 que *Sigurd* fut représenté. Il y a là une douloureuse histoire, un peu humiliante, où les jeunes générations pourront apprendre à n'être point pressées. Qu'est-ce à vrai dire qu'une jeune génération ? En musique surtout, on est « un jeune » tant que le succès ne vous a point souri. En ce cas, Reyer aura été jeune jusqu'à soixante ans ? Pourquoi ? Pour beaucoup de raisons qui tenaient, quelques-unes aux légers défauts de son caractère, la plupart à ses vertus. Oserai-je dire un mot de ses défauts ? Le long stage que la fortune imposait à Reyer, l'indifférence d'une partie du public, l'hostilité plus ou moins avouée de certaines gens, l'absurde accusation d'être un musicien sans mélodie échappé des brouillards germaniques, tout cela suffisait amplement, ne trouvez-vous pas? à transformer des mélancolies en haines et à faire un méchant. Reyer devint seulement moqueur. Il avait de l'esprit, il s'en servit ; on ne me fera pas dire qu'il en ait abusé, mais je ne nie point qu'il en ait largement fait usage. Le feuilletoniste des *Débats* a plus d'une fois égratigné des vanités qui ne pardonnaient pas aisément ; elles ont porté leur rancune au compte du musicien. Reyer avait le génie du mot cruel. Il n'apportait dans cette manière de dire aucun noir dessein ; après avoir affublé un de ses contemporains d'une de ces brèves définitions qui suffisent à illustrer un homme pour le restant de ses jours, il n'y pensait plus l'instant d'après ; il n'en voulait aucunement à ses victimes. Malheureusement beaucoup de ceux que sa moquerie avait blessés ne possédaient pas la même philosophie. Ils crièrent à la persécution et lui firent la réputation d'avoir un mauvais caractère.

Le plus souvent, cela veut dire d'un homme qu'il est un caractère tout court. Ici, Messieurs, nous touchons du doigt le magnifique défaut d'Ernest Reyer, et qui ressemble, à s'y méprendre, à une vertu.

Son grand ami Théophile Gautier avait, de bonne heure, discerné en lui « un amour de son art poussé jusqu'à la passion et au fanatisme, un enthousiasme pour le beau que rien ne décourageait, et la résolution immuable de ne jamais faire de concessions au faux goût du public ». L'injuste mésaventure d'*Éros-trate* n'était pas faite pour rendre sa fierté d'artiste moins intransigeante. Cette conscience manquait de souplesse. Reyer s'était en quelque sorte tracé son programme de résistance : « Ah ! le beau jour que celui où un compositeur, sûr de trouver des interprètes dociles pour l'œuvre qu'il aura sérieusement

comprise et longuement élaborée, pourra se dire :
« Telle je l'ai conçue, telle je l'ai écrite, et telle on
l'exécutera. » Ce jour-là viendra-t-il jamais ? Quant
à moi, je suis fermement résolu à l'attendre et je
l'attendrai. »

Il alla ainsi présenter *Sigurd* à des directeurs successifs, toujours avec l'air de leur dire : « Voilà mon
œuvre, elle est à prendre telle quelle ou à laisser ».
On murmurait dans les antichambres théâtrales :
« Quel homme ! il n'est pas commode » ! — Ah ! les
hommes incommodes qu'il est donc heureux pour
une nation d'en compter quelques-uns ! — Ce
voyage de *Sigurd* à travers les limbes directoriaux,
c'est à Reyer lui-même qu'il faudrait en demander
le récit. D'abord, ce fut le sujet qui épouvanta :
l'Olympe scandinave n'était pas encore à la mode.
On ne voulait point de casques ailés ; Dieu sait si
nous en avons vu depuis, des casques, et des ailes,
et des dieux scandinaves ! Si quelque directeur jetait
les yeux sur la partition, il y constatait avec horreur
l'absence d'arioso ou de cavatine. L'un d'eux se
montra particulièrement sévère. « Celui-là, a dit
Reyer, ne savait pas la musique, mais là, pas du
tout, et il n'en était pas plus fier pour cela.» De
guerre lasse, il consentit, en 1873, à laisser exécuter
une des scènes principales de son *Sigurd* au concert
Pasdeloup. C'était là que se réparaient un peu les
grandes injustices. Brave père Pasdeloup ! Je sais
des gens, peut-être profanes mais animés d'un zèle
sincère, qui lui doivent ce qu'ils ont goûté de musique

au sortir du collège. Qu'il était donc délicieux de faire la queue devant le Cirque d'Hiver, par une jolie petite neige, pour pénétrer aux places à quinze sous ! Des raffinés prétendent que le fondateur des Concerts populaires avait plus de ferveur que de maîtrise ; que sais-je ? Pour ma part, j'ai toujours été trop incompétent pour apercevoir cette nuance, et je m'en félicite aujourd'hui. Je profite de mon ignorance pour rendre hommage, sans arrière-pensée, à la mémoire du chef d'orchestre bienfaisant qui a aimé la grande musique et les petites gens. Quels beaux après-midi ! on avait très chaud, d'abord parce que la salle du Cirque était mal aérée, et aussi parce que les passions y bouillonnaient. Les esprits révolutionnaires prétendaient écouter tranquillement cette nouveauté formidable, l'*Ouverture de Rienzi*. Les réactionnaires sifflaient dans leurs clés ; nous poussions des hurlements sympathiques, et nous prétendions insolemment faire bisser. Pasdeloup aimait à haranguer les multitudes. Dans une allocution chaleureuse, il proposait un moyen terme : le morceau litigieux serait repris à la fin de la séance ; ses admirateurs auraient ainsi satisfaction, et il serait loisible aux adversaires de se retirer. C'était la solution de l'équité ; aussi avait-elle le privilège d'exaspérer plus encore la conscience publique. Les deux partis se réconciliaient un instant pour huer Pasdeloup abondamment. Il s'en montrait surpris. Ce musicien croyait à la justice des foules ; aussi n'a-t-il pas fait fortune.

Après cette exécution partielle de *Sigurd* au concert Pasdeloup, plus de dix années s'écoulèrent encore. Reyer attendait toujours. Vous n'avez pas besoin, Messieurs, que la mode vous apprenne votre devoir, et ce n'est pas sa passagère faveur qui dicte vos choix ; ainsi pensaient et agissaient vos prédécesseurs. En 1876, les suffrages de l'Académie des beaux-arts venaient consoler Ernest Reyer de ses déboires ; il était appelé à recueillir la succession de Félicien David. Il avait toujours saisi avec empressement les occasions de dire son admiration pour le poétique musicien du *Désert*. Au lendemain de la mort de David, il écrivait : « Musicien d'élite, rêveur inspiré, il a traversé la vie comme le pèlerin, comme le poète, aimant à contempler les étoiles, et cueillant des roses à tous les buissons du chemin. » Il terminait ainsi le panégyrique de son devancier : « Son fauteuil est vacant, mais je voudrais bien savoir quel est celui d'entre nous qui, aspirant à prendre sa place, oserait se dire digne de le remplacer ». L'Académie jugea avec raison que Reyer était le plus digne de cet honneur. Elle prétendait honorer en lui à la fois l'auteur de la *Statue* et d'*Érostrate*, et le fier lutteur qu'aucune injustice ne décourageait.

Cependant l'auteur de ce *Sigurd*, dont l'aventure tournait à la légende, profitait plus que jamais de son feuilleton des *Débats* pour tromper sa douleur. Il faut, Messieurs, relire ces pages pour bien connaître le véritable caractère de Reyer. Il est admirable qu'aussi terriblement outillé pour la vengeance, ce grand railleur ait si bien usé de ses armes. Sans doute, il rendait coup pour coup. Mais avec quelle promptitude il oubliait sa propre querelle, soit pour exalter un maître, soit pour encourager un débutant ! L'*Arlésienne* de Bizet, d'abord si sottement incomprise, trouvait en lui son plus autorisé défenseur. Avec quelle joie il saluait les beautés juvéniles de la *Marie-Madeleine* de Massenet! Pour le *Samson et Dalila* de Saint-Saëns, il prononçait, un des premiers, le seul mot qui convienne, celui de chef-d'œuvre. Ce passionné était un juste, cet ironiste un tendre. Son dévoué biographe, M. Adolphe Jullien a dit excellemment : « En amitié comme en art, Reyer se donnait tout entier ». Est-il rien de plus noble que son humilité devant ses deux maîtres de prédilection, Glück et Weber ? de plus touchant que sa dévotion envers Berlioz ? Il avait assisté, heure par heure, à la douloureuse agonie de son maître. Le mourant lui avait remis un exemplaire manuscrit de ses Mémoires. Pendant qu'il veillait Berlioz, Reyer lisait ces pages enflammées. Il trouvait, dans la confession de cette grande âme mécontente, « cette âcre jouissance qu'éprouve l'artiste vraiment supérieur à se sentir impopulaire ». Dès le lendemain de la mort de son aîné, il prédisait à sa mémoire un retour de faveur. Avec quelle ardeur, au mois de mars 1870, il organisait, à l'opéra, le festival Berlioz ! Et depuis, toutes les fois que le souvenir du maître admiré et chéri revenait sous sa plume, en quelles phrases choisies, toutes parfumées de ten-

dresse, il se plaisait en quelque sorte à l'embaumer !
Lorsque la *Damnation de Faust* s'empara enfin triom-
phalement de l'admiration publique, c'est une explosion d'allégresse. A-t-il osé quelque légère critique ?
bien vite il s'en repent comme d'une impiété. « J'ai,
dit-il, sous les yeux un portrait très ressemblant de
Berlioz. Ce portrait me regarde, me fascine, me
trouble, et je lis dans les yeux du maître comme un
reproche. Un peu de critique l'aurait-il chagriné ? »
— Ah ! qu'il connaissait bien cette âme irritable !
  J'abuserais, Messieurs, si je voulais rappeler tous
les services rendus par Reyer écrivain à la cause du
grand art. Laissez-moi rappeler encore que dès 1859
il discernait le génie de Gounod. Dans un article du
Courrier de Paris il proclamait *Faust*, alors si con-
testé, « une des plus belles œuvres de ce temps ».
Une de ses plus enthousiastes admirations était
pour ces chœurs d'*Ulysse*, qu'il nous est donné trop
rarement d'entendre. Au lendemain de la mort de
Gounod, il écrivait, — notez chez ce railleur ce ton
qui ne lui était pas habituel : « Hier, après lui avoir
dit un dernier adieu, très attristé et très ému, j'ai
cueilli dans mon cœur pour la déposer sur sa tombe
une fleur qui, tant que je vivrai, gardera sa fraîcheur et son parfum, la fleur du souvenir. » Ces belles
admirations, Messieurs, c'est le secret des maîtres ;
vous voulez les entretenir parmi vous comme la
plus noble de vos traditions.
  Tout ce que nous rappelons ici de l'humeur d'Ernest Reyer montre une heureuse philosophie ; elle

lui a rendu moins amères la lutte et l'attente. C'était un optimiste. En dépit de tout, il croyait que l'heure de la réparation sonnerait pour lui tôt ou tard. Il sentait bien que le plus probablement ce serait tard ; il s'était disposé en conséquence. Une des principales sûretés qu'il prit contre le sort ce fut d'être fort modéré dans ses goûts. Le vulgaire soupçonne volontiers les musiciens d'être fastueux ; il est en effet, parmi eux, quelques exemples immortels de magnificence. Reyer sut, pendant toute sa vie, se passer très spirituellement de somptuosité. Beaucoup d'entre vous se souviennent de cet appartement peu luxueux de la rue de la Tour-d'Auvergne où il est restésoixante ans. Reyer campait là, au milieu des souvenirs de ses voyages, en laissant presque toujours ouverte sur le ciel gris de Paris une fenêtre où il cultivait des capucines, comme une grisette de Mûrger. De son métier de feuilletoniste il subsistait tant bien que mal. Pourquoi ne pas rappeler qu'il a été presque fonctionnaire ? On l'oublie généralement ; lui-même, il se plaisait à l'oublier. Bibliothécaire de l'Opéra il venait si peu à sa bibliothèque qu'un jour, selon une légende fort accréditée, le gardien le prit pour un intrus et faillit le consigner à la porte. Il s'était aussi laissé nommer inspecteur général de l'enseignement musical ; les inspecteurs principaux, hiérarchiquement placés sous ses ordres, lui inspiraient, et à juste titre, une telle confiance qu'il s'abstint toujours consciencieusement de les contrôler. Un rapport, signé de son nom, est une rareté documentaire que

les chercheurs d'autographes devront renoncer à
découvrir. Un directeur des beaux-arts osa se permettre un jour envers ce haut fonctionnaire plato-
nique une innocente vengeance. Reyer lui avait re-
commandé une petite affaire qui relevait, théorique-
ment du moins, du service de l'inspection générale.
Le directeur prit note, comme c'était le moindre de
ses devoirs, de la recommandation du musicien illustre ; après quoi, il envoya au fonctionnaire un
imprimé qui lui confiait l'enquête de rigueur. En
recevant ce papier officiel, Reyer daigna sourire. Il
pensa d'abord à s'en servir pour allumer son feu ;
après réflexion il le renvoya à l'expéditeur, en inscri-
vant en marge ces simples paroles : « Elle est bien
bonne ! » C'est le seul témoignage qui subsiste de son
activité administrative.

Enfin *Sigurd* fut joué. J'ai quelque honte à avouer
que cet acte de tardive justice ne fut pas accompli
à Paris, mais à Bruxelles. Pour s'être fait cruellement attendre, le succès n'en fut que mieux répara-
teur. La soirée du 7 janvier 1884 récompensa Reyer
de toute l'ancienne souffrance si fièrement suppor-
tée. Une artiste admirable collabora puissamment
au triomphe : Reyer eut toujours à cœur de proclamer ce que la popularité de *Sigurd* devait à Mᵐᵉ Rose
Caron, sa Brunehilde, sa Salammbô, l'interprète
idéale des filles mystérieuses de son inspiration.
L'éloge sans réserve d'une artiste apparaissait d'autant plus précieux dans sa bouche qu'il n'était pas
sans quelques préjugés à l'égard des virtuoses. Il

avait connu l'époque où la tyrannie du *bel canto*
sévissait implacablement. Stendhal était l'écho de
l'opinion universelle, lorsqu'il écrivait : « Le chef
d'orchestre doit être l'esclave soumis du chanteur. »
Reyer avait accepté une fois pour toutes la légende
de son mauvais caractère ; il en profitait pour se sous-
traire à certaines exigences. Il parle quelque part
d'un ténor « lequel prétend que les deux dernières
mesures d'un morceau lui appartiennent et qui le
prouve ». Il invitait complaisamment tous les chanteurs et les cantatrices elles-mêmes à méditer l'adage
arabe : « Ce qui est écrit est écrit. » Cette fois, il avait
rencontré, pour incarner son héroïne, une artiste
d'une incomparable intelligence qui se faisait un
devoir de la docilité. Ce fut désormais, entre le maître et la cantatrice, une collaboration affectueuse à
laquelle nous devons de belles émotions.

L'Opéra de Paris finit par comprendre son intérêt
et son devoir. Le 12 juin 1885 il se décidait à donner
Sigurd. Vous n'attendez pas de moi, Messieurs,
l'analyse de cette partition désormais classée parmi
les grandes œuvres de notre théâtre lyrique ; des
beautés musicales ne se racontent point. Telles sont,
dans cette œuvre, la fraîcheur de l'inspiration mélo-
dique, la puissance du coloris, l'atmosphère d'héroïsme, qu'elle triompha souverainement d'un double
danger : celui d'être en avance sur le goût public et
celui aussi de paraître retarder. Quinze ans avant,
l'ouvrage de Reyer aurait presque scandalisé. En
1885, il restait encore dans le public de l'Opéra assez

d'habitués des anciennes formules pour s'étonner du style de *Sigurd*. Pour une partie des auditeurs l'accusation de wagnérisme entraînait encore la peine capitale. Chez les autres c'était, au contraire, l'excès de zèle des conversions récentes. Après avoir été si peu nombreux, voilà que les admirateurs de Wagner risquaient de l'être trop. Pour un peu ils auraient accusé Reyer de plagiat parce que quelques-uns des personnages de *Sigurd* se retrouvaient dans la *Tétralogie*. On affectait de comparer, littérairement et musicalement, deux œuvres absolument étrangères l'une à l'autre. En vérité, Reyer jouait de malheur. Subir quinze années de retard sous prétexte qu'on imite Wagner et s'entendre reprocher ensuite de n'être pas assez wagnérien, il y avait de quoi désespérer. Fort heureusement, entre les deux coteries, celle des traînards et celle des snobs, il y a le public, ce brave être naïf et sincère qui se sert de ses oreilles pour entendre et de sa sensibilité pour être ému. La musique de *Sigurd* trouva le chemin de son cœur. Jusqu'alors Reyer n'était que célèbre ; il devint populaire. A soixante ans, ce n'était pas trop tôt.

Au surplus, il était absurde d'accuser d'imitation cet esprit dont le défaut était plutôt dans un excès d'indépendance. Si quelqu'un a bu dans son propre verre, c'est bien cet homme-là. En tout temps, aussi bien pour Wagner victime que devant Wagner idole, cette libre intelligence garda son franc parler. « Nous tous, a-t-il écrit, que le génie du Titan victorieux écrase, anéantit, ce qu'il nous reste à faire, après avoir

jeté un dernier et douloureux regard sur le passé,
c'est de saluer l'avenir, et de tomber avec grâce. »
En vérité, que d'humilité chez Reyer ! mais sait-on
jamais, avec ce diable d'homme ? Alors qu'il a le
plus l'air de désarmer, il garde une flèche cachée
quelque part. De temps en temps, il venait signaler
à l'administration des beaux-arts les questions qui
intéressaient l'art lyrique. Si résigné qu'il fût à se
laisser « anéantir par le génie du Titan victorieux »,
il ne lui déplaisait point que *Sigurd* alternât sur
l'affiche avec *Siegfried*, et cela le plus souvent possible. C'est ainsi qu'il entendait « tomber avec grâce ».
Et, Messieurs, qu'il avait donc raison, et qu'il agissait là, une fois de plus, en homme d'esprit ! Il y a
plus d'une demeure dans la maison de mon père, dit
une parole sacrée. Ce sont de sottes choses que le
fétichisme et l'esprit de proscription. Reyer prétendait admirer Wagner en gardant la faculté de rester
lui-même. Il revendiquait pour les compositeurs
français le droit à la vie. Quant à l'intolérant clergé
du culte à la mode, il lui décochait ce trait final :
« Le seul musicien qui puisse faire de la musique
wagnérienne, c'est Wagner, ne l'oubliez pas ! »

Désormais l'auteur de *Sigurd* était de ceux que les
théâtres sollicitent. Il songea alors à un très ancien
projet, celui de transformer en drame lyrique la
Salammbô de son ami Gustave Flaubert. Jadis Flaubert avait pensé à unir dans une collaboration, qui
aurait été singulièrement heureuse, les noms de
Reyer et de Théophile Gautier. Gautier mort, il avait

été question de Catulle Mendès. Cependant tout cela était resté à l'état de projet. A la fin, ce fut sur l'adaptation de Camille du Locle que Reyer composa sa partition. Cette fois, il travailla rapidement, dans toute l'ardeur de la seconde jeunesse que lui donnait la gloire. L'Opéra de Paris, devenu quémandeur, réclamait impatiemment le nouvel ouvrage. Reyer, pour toute vengeance des anciens dédains, réserva la première représentation de son œuvre à ce théâtre de la Monnaie de Bruxelles qui avait accueilli *Sigurd*. Le 16 mai 1892, MM. Bertrand et Campo-Casso inauguraient leur direction par la magnifique représentation de *Salammbô*.

Ce fut en véritable gourmet que Reyer dégusta les délices de ce nouveau bonheur. Son ironie s'égaya de voir tant d'hommages divers le venger de l'injustice ancienne. Excusez ce souvenir personnel, j'eus alors le spectacle inoubliable de la joie du grand artiste enfin vengé ; cette joie, comme bien vous pensez, demeurait passablement malicieuse. C'était merveille de l'entendre proclamer sa gratitude envers sa chère interprète, Mme Rose Caron, aussi poétiquement émouvante en Salammbô qu'en Brunehilde. Ce qui ravissait Reyer comme la meilleure des revanches, c'était qu'on n'avait pas songé un instant à exiger de lui la moindre coupure ; il avait même vu le moment où on allait lui demander d'allonger sa partition. Avec sa verve des meilleurs jours il racontait les indiscrétions dont l'assiégeaient les reporters, ces modernes ministres de la renommée. L'un d'eux

lui avait adressé cette question : « Qu'aimeriez-vous
mieux : être mis en terre ou incinéré ? » Il avait
demandé vingt-quatre heures pour réfléchir.

Ce sont là les petits profits et les charges du triomphe. L'admiration et l'importunité universelles
mettaient définitivement Reyer au rang des maîtres.
De ses deux grandes œuvres, *Salammbô* et *Sigurd*, à
laquelle donner la préférence ? Je crois, pour ma part,
être d'accord avec moi-même en préférant toujours
celle que j'entends. Dans l'une et l'autre des deux
partitions, c'est le même don si rare d'émotion com-
municative, l'art de passer du grandiose à l'exquis
avec les moyens les plus simples et d'atteindre à la
source des larmes. Brunehilde à la fontaine, effeuil-
lant ses verveines avec ses aveux ; Salammbô confiant
aux colombes le rêve de sa douce âme torturée, c'est
de la musique qui fait pleurer. Il est merveilleux que
dans ce personnage de Salammbô, d'un charme presque indéfinissable, Reyer ait su retraduire à ce point
la vision lunaire du poète et la magnifier encore.
Lorsque Flaubert écrivait son épopée carthaginoise,
Gautier interrogeait curieusement l'auteur de *Madame Bovary* sur l'œuvre nouvelle qu'il préparait. « Je
fais une jeune fille », disait Flaubert. Et il ajoutait,
avec sa candeur de bon géant : « Tu verras comme
elle est pot-au-feu ! » Le créateur de *Salammbô* entendait dire par là, en son parler burlesque de vieil
étudiant, que son héroïne est une âme légère comme
un souffle, toute de tendresse et de mélancolie. Cette
fragilité douloureuse, Reyer l'a embellie encore de

tous les prestiges de son art. La musique seule peut confesser ces natures mystérieusement blessées et leur arracher tous leurs aveux.

Oh ! j'entends l'objection bien connue : « Musique pour les littérateurs ! » Il est dans les cercles musicaux un certain nombre de juges sévères qui affectent de parler de l'œuvre de Reyer avec une sorte de hauteur. Dans toute l'humilité de mon incompétence, j'ai demandé à l'un de ces censeurs implacables de vouloir bien me résumer ses critiques. C'est en quelque sorte sous sa dictée que je les rappelle : ai-je besoin d'ajouter qu'il m'est agréable de lui en laisser l'entière responsabilité ? Donc, il faut regretter que chez Reyer la première éducation musicale ait été négligée. Son style se serait ressenti de cette formation hâtive. Par suite d'un apprentissage commencé trop tard, un certain manque de soin, de la gaucherie, des incorrections se trahiraient dans sa manière d'écrire. Son orchestre n'est pas traité avec assez de scrupule, son harmonie manque de variété, de pureté parfois... Ai-je bien tout dit ?

Soit. Accordons que toutes ces critiques soient fondées. Entré dans son art avec brusquerie et sans la stricte observance des règlements, il est explicable que Reyer ait encouru les reproches des parfaits spécialistes. C'est lorsqu'ils poussent à cet excès la délicatesse qu'on peut dire des délicats qu'ils sont malheureux. Nous avons, nous autres profanes, la meilleure part : la joie nous est plus facile et moins chèrement vendue. C'est bien un peu pour nous aussi qu'il se fait des opéras ; notre émotion n'est pas un suffrage si négligeable. Comme dit le poète, une larme coule et ne s'y trompe pas. S'il a manqué à Reyer un certain nombre des choses qui s'apprennent, ah ! qu'il savait donc bien, en revanche, celles qui ne s'apprennent point ! Le don sacré de plaire était en lui.

Cette puissance de sensibilité et de passion, ce sens du pittoresque, toutes ces heureuses trouvailles mélodiques, ces idées jaillissantes, cet accent personnel, ce rayonnant pouvoir de sympathie, ce charme pénétrant, tout cela, qu'aucune pédagogie n'enseigne, il l'eut au plus haut point. Louera-t-on jamais assez l'unité morale de sa vie, la rigueur de ses principes, la dignité de son attitude, son mépris de la réclame, cette austérité artistique qui fut inébranlable sans se draper jamais. S'il fallait résumer cette existence ce serait dans ce mot : honnêteté. Reyer avait supporté allègrement le fardeau d'une longue disgrâce. Il soutint la gloire avec son aisance coutumière. Rien ne changea dans ses manières, pas même l'habitude de gronder, comme s'il avait eu encore des griefs contre ses contemporains. Cependant il laissait les revanches lui revenir une à une. On reprenait ses anciens ouvrages ; lui-même ne dédaignait pas d'y faire songer les oublieux. *Érostrate* — pour lequel il gardait une secrète prédilection, comme tout bon père pour l'enfant malheureux — *Érostrate* fut joué à Marseille et couvert cette fois d'applaudissements. Admirons, Messieurs, comme le sort est juste, lorsqu'on lui en laisse le temps ; entre soixante-dix et quatre-vingt-cinq ans Reyer savoura pleinement la joie d'être compris et admiré par son siècle. On s'explique qu'il ait fini ses jours en belle humeur.

Notre vie bruyante et trépidante effrayait un peu cet habitué du tout petit Paris d'autrefois. Reyer émigrait tour à tour dans ses deux villégiatures favorites, tantôt en sa cabane paysanne de Mouthier-Haute-Pierre, en Franche-Comté, tantôt au village parfumé du Lavandou, en face de la Méditerranée. Le vieux maître, plein d'années, comblé d'honneurs, n'avait pas de plus cher plaisir que de fumer sa pipe, au milieu des pêcheurs, devant la mer inspiratrice de tous les génies de notre race. Il s'est éteint là, sous les oliviers, simplement, sans grand bruit, comme il avait vécu. Il a trépassé en odeur de piété latine. Les bonnes gens du rivage lui firent de rustiques funérailles. Peut-être comprenaient-ils vaguement que ce petit vieillard souriant et simple était un profond ami de l'âme populaire : c'est pour eux aussi, c'est pour tout le monde que la muse de Reyer a chanté.

M. DE VANDIÈRES [1]

Vous n'avez pas manqué d'approuver les heureux
changements accomplis en ces derniers mois
dans les installations du musée de Versailles. Un
conservateur, qui apporte à sa fonction le scrupule
d'un historien et l'ardeur d'un poète, veut replacer
ceux qui vécurent les drames du passé parmi les
débris encore délicieux de l'ancien décor. Dans
une salle des appartements du rez-de-chaussée on
admire un portrait de Tocqué, d'allure magnifique.
C'est celui d'un homme très jeune, à la figure
avenante et loyale, en habit d'apparat, le cordon bleu
en sautoir; une de ces effigies somptueuses qui
résument un caractère et une destinée. Le modèle
qui posa devant Tocqué est Abel-François Poisson,
successivement sieur de Vandières, marquis de
Marigny et de Ménars. C'est le frère cadet de la

1. Notice lue dans la séance publique annuelle des cinq Académies, le 25 octobre 1899.

15

marquise de Pompadour, son « frérot » ou, comme
elle disait encore, « le cher bonhomme », dont elle fit
un directeur et ordonnateur général des bâtiments,
jardins, arts, académies et manufactures royales.

Hâtons-nous de déclarer qu'elle ne fit jamais rien
de mieux, ni même d'aussi bien dans sa vie.

L'origine d'Abel-François Poisson était moins que
médiocre. Il sortait d'une bourgeoisie suspecte et
véreuse. Le père, ancien commis des Pâris, compromis dans de louches affaires de subsistances, avait
risqué la potence et pris la fuite ; la mère était ga-
lante jusqu'au scandale. Remettre sa famille en état
ne fut pas un des moindres triomphes de Mᵐᵉ de
Pompadour. Elle obtint à son père des lettres de
noblesse, sans insister, reconnaissons-le, pour qu'il
vînt les montrer à Versailles. Pour son frère elle rêva
toutes les fortunes. Abel-François fut admis à la
Cour au sortir du collège. Il plut au roi par sa jolie
prestance et sa bonne humeur. « Votre frère est de
la maison, disait Louis XV ; qu'on mette un couvert,
nous dînerons tous trois ensemble. » L'enfant gâté
eut la capitainerie de Grenelle et le nom de Vandières, en attendant mieux. Le mieux, c'était la
direction des bâtiments. Cette charge, une des premières du royaume, appartenait, depuis 1745, à
M. Le Normant de Tournehem, oncle par alliance de
Mᵐᵉ de Pompadour, plus proche parent peut-être
encore, au dire des calomniateurs ou des médisants.
En dépit d'une avidité restée légendaire, la favorite
savait l'art de ne rien brusquer. « J'étais née réflé-

chissante », dit-elle quelque part. Confier du premier
coup à ce gros garçon de dix-neuf ans, souriant et
réjoui, le gouvernement des choses de l'art lui parut
une gageure hasardeuse. Elle avait trop de tact et
connaissait trop bien les artistes pour leur imposer
à la légère un maître de sa façon. Elle ne montra
d'abord Vandières que comme un simple survivancier de Tournehem, avec promesse de succession.
Puis, par un sage calcul dont il sied de lui tenir
compte, elle mit le surintendant futur en apprentissage. Elle voulut, et la pensée n'est point vulgaire
chez cette femme omnipotente, que le favori justifiât
sa faveur.

Ce petit marquis « d'avant-hier », comme l'appelaient les mécontents, était le contraire d'un sot. Il
avait grandi dans un monde mêlé où l'on bavardait
volontiers sur les questions d'art. Il possédait quelques-unes des étonnantes facultés d'assimilation de
cette sœur, si richement douée, qui avait appris le
chant avec Jéliotte, la danse avec Guibaudet, la déclamation avec Crébillon et qui maniait le burin sans
maladresse.

Il avait du bon sens et de la modestie; mais, à
vrai dire, il ne savait rien. La marquise résolut de
lui faire tout apprendre.

Un voyage en Italie apparaissait déjà comme le
stage obligatoire de tout amateur et de tout artiste.
L'idée d'envoyer son frère au delà des monts dut
venir naturellement à l'esprit de la favorite. Probablement aussi lui fut-elle suggérée par son conseiller

le plus compétent et le plus avisé, le graveur Charles-Nicolas Cochin (1).

C'était l'un des hommes les plus habiles et les plus intelligents de ce temps où l'on dépensait tant d'esprit dans l'art de parvenir. Dessinateur, graveur, écrivain à ses heures et de la meilleure veine, Cochin menait sa fortune en homme de cour. Il avait gagné la confiance de Mme de Pompadour et obtenu chez elle « ses entrances ». Il lui enseignait l'eau-forte, en même temps que Boucher le dessin et Gay le travail du touret. Cochin avait ses idées à lui, mille vues personnelles et originales et des projets de derrière la tête, non seulement sur son métier de graveur, mais sur les arts et les industries ; toute une philosophie du luxe occupait sa pensée.

Si la marquise lui proposa d'elle-même d'accompagner son frère en Italie, nul doute qu'il n'ait accepté d'enthousiasme. Mais nous le croyons fort capable d'avoir inspiré l'idée du voyage, un peu pour son propre plaisir, beaucoup pour présider à l'éducation d'un personnage dont il entendait bien diriger un jour la gestion.

Cochin fit le plan de la mission et composa la compagnie qui devait suivre M. de Vandières. Il fit choix de l'architecte Soufflot, déjà illustre, ancien pensionnaire du roi à Rome, familier avec cette Italie qu'il appelait « le paradis des artistes ». Il s'adjoignit encore Leblanc, auteur de tragédies tombées, un

1. *Les Cochin*, par S. Rocheblave.

abbé quelque peu brocanteur, conseiller des achats de la marquise. Leblanc venait de publier une « Lettre sur les tableaux exposés au Louvre ». On lui accordait, dit Cochin non sans malice, « plus de connaissance dans les arts que n'en ont communément les gens de lettres ».

M. de Vandières et sa compagnie quittèrent Paris le 20 décembre 1749. Ils revinrent au cours de l'année 1751, après une absence de vingt et un mois. Nous pouvons les suivre au passage dans la correspondance de Mme de Pompadour, publiée par Poulet-Malassis. Dès sa première halte, à Lyon, le « petit frère » recevait de la marquise une lettre pleine de sages conseils : « Ce que je vous recommande pardessus tout, c'est la plus grande politesse, une discrétion égale, et de vous mettre bien dans la tête, qu'étant fait pour le monde et pour la société, il faut être aimable avec tout le monde ; car si l'on se bornait aux gens que l'on estime, on serait détesté de presque tout le genre humain. » Mme de Pompadour, on le voit, si elle confiait à Cochin l'éducation artistique de son frère, se réservait la morale pratique.

M. de Vandières visita d'abord Turin et Milan, Plaisance et Ravenne, puis descendit sur Rome et sur Naples, sans rien omettre d'essentiel et s'attardant aux meilleurs endroits. Il voyageait magnifiquement, avec le train d'un grand seigneur, nous allions dire d'un prince du sang. Il eut audience des têtes couronnées et sut, en ces délicates occurrences, se conformer aux avis de sa sœur : « Je suis convaincue qu'il n'y a que du bien à dire de tous les souverains que vous verrez, mais comme la retenue ne peut être trop grande sur les rois et leurs familles, s'il vous passait quelque idée ridicule dont votre âge est susceptible, gardez-vous bien de jamais rien en écrire à quiconque ce soit, pas même à moi. » Vandières parut chez le roi de Sardaigne en fort bel équipage. Il fut reçu par le sage pontife Benoît XIV : « Je ne doute pas, lui écrit la marquise, que vous n'ayez eu grande satisfaction à baiser la mule du Saint-Père et que vous aurez gagné nombre d'indulgences. »

L'ambassadeur de France auprès du Saint-Siège était alors le duc de Nivernais ; il guida le jeune voyageur dans ce pas difficile et fut content de lui : « M. de Vandières est parti ce matin, écrit le duc au marquis de Puysieulx ; avant-hier il baisa les pieds du Pape, qui lui marqua beaucoup de bonté. Il serait à souhaiter que tous les Français qui viennent ici se conduisissent comme il a fait. Il s'y est comporté avec sagesse et modestie et circonspection, qualités fort estimables par elles-mêmes et que ce pays-ci est très enclin et assez fondé à ne pas supposer aux jeunes gens de son âge et de notre nation. »

A l'Académie de France, Vandières fut reçu par de Troy. Les feuillets encore inédits de la correspondance des directeurs, que m'a communiqués obligeamment notre savant confrère, M. Jules Guiffrey, nous renseignent à cet égard. De Troy jouissait alors à

Rome des restes d'une grande situation. Il n'était plus le personnage considérable et incontesté qu'avait connu de Brosses, dix ans auparavant. « De Troy, écrivait le président dijonnais en 1739, se pique surtout de faire les honneurs de la ville aux gens de la nation ; c'est presque un seigneur. » Il tenait alors table ouverte, bureau d'esprit et de goût, « ne connaissant point de peintre au-dessus de Véronèse, si ce n'est lui-même », ajoute cette mauvaise langue de président.

En 1750, peu en faveur auprès de Tournehem, échangeant avec lui des lettres aigres-douces, de Troy, d'ailleurs mortellement atteint, se préparait à résigner ses fonctions entre les mains de Natoire. Vandières ne fut pas étranger aux négociations délicates qui s'engagèrent à ce sujet.

Le gouvernement supérieur de l'Académie de Rome était une des prérogatives de la surintendance. Vandières, prenant au sérieux ses devoirs et ses droits de survivancier, s'intéressa aux choses et aux hommes de cette grande institution. Il prit position auprès de tous : « M. de Vandières, écrivait de Troy à Tournehem, qui se rend de jours en jours le plus aimable du monde, est parfaitement bien venu dans toutes les meilleures maisons de cette ville. » Et le directeur général de répondre : « Je sais ce que vous mandez de M. de Vandières et n'en suis pas surpris. »

Toutes les occupations de notre voyageur ne furent pas aussi austères. Il était jeune et bien tourné, richement doté, frère d'une demi-reine. Tout porte à supposer qu'il ne négligea point le côté sentimental du voyage d'Italie. Certains passages des lettres de la marquise nous donnent à songer : « On dit qu'une certaine dame Victorina a été fort bien avec vous, que cependant vous aviez envie d'une autre et que de celle-ci vous avez dit : « Prenons toujours ceci puisque Dieu nous l'envoie. » On ne peut refuser à M. de Vandières un aimable esprit de résignation.

Ces lettres de Mme de Pompadour sont le seul témoignage direct que nous possédions sur les péripéties de la mission. M. de Vandières lui-même n'a rien écrit à ce sujet. Les deux volumes que publia Cochin, en 1758, sous le titre de *Voyage d'Italie*, ne sauraient passer pour un récit. C'est, comme l'indique le sous-titre, un *Recueil de notes sur les ouvrages de peinture et de sculpture, qu'on voit dans les principales villes*, le calepin d'un artiste en tournée, le memorandum d'un professionnel. Rien ne rappelle au cours de ces pages, d'une simplicité un peu sèche, les lettres si brillantes et si savoureuses que le pimpant président de Brosses adressait, entre deux relais, à tous les beaux esprits de Dijon. Cette correspondance de M. de Brosses demeure le meilleur document sur les institutions, les mœurs et les caractères de l'Italie du XVIIIe siècle. Nul ne nous renseigne mieux que le magistrat bourguignon sur l'état des villes, les usages des sociétés, les agréments des compagnies, les manières de danser ou de chanter l'opéra, les modalités de la conversation, les dessous de la politique et de la galanterie, les intrigues d'un conclave.

D'après le programme élaboré dans les salons
dijonnais, de Brosses entreprenait le voyage d'Italie
pour l'amour des Muses. L'art était en réalité la
seule chose que cet esprit si pénétrant n'ait jamais
bien comprise. Il crut de son devoir de contempler
un par un les chefs-d'œuvre ou soi-disant tels ; il
visita les collections, comme on s'acquitte d'une
tâche. Nous ne nous étonnons point qu'il ne juge pas
l'art italien selon le *credo* d'aujourd'hui et d'après
les théories qui passent provisoirement pour défini-
tives. Nous disons seulement qu'il parle des couleurs,
sinon en aveugle, du moins en myope. Il a le goût
bourgeois, la vision mesquine ; il met Bologne au-
dessus de Florence, préfère aux portes du Baptistère
« celles du château de Maisons », traite le Palazzo
Vecchio de « grand vilain donjon », déclare que la
seigneurie de Sienne « n'a rien de recommandable
ou du moins de curieux », s'ennuie au sein de la campagne romaine et la proclame « très laide », découvre
dans la *Dispute du Saint-Sacrement* « de la sécheresse
et de la monotonie ». A cela près, tout est charmant
dans son livre.

Bien au contraire, Cochin demeure muet sur les
mœurs du pays qu'il parcourt. C'est un artiste qui
note au jour le jour les impressions qu'il a eues devant le Beau. Certaines de ses émotions ne sont plus
les nôtres. Mais, ainsi qu'il le dit excellemment :
« J'observerai que les goûts différents des plus sûrs
connaisseurs peuvent apporter quelque variété dans
leurs jugements. Les artistes sont sans doute les vrais

juges ; si les jugements qu'ils portent ne sont pas
toujours exactement les mêmes, ils ne diffèrent pas
néanmoins, au point de méconnaître aucune sorte
de vrai mérite. Toujours émus lorsqu'ils rencontrent
le vrai beau, il n'y a de contestation entre eux que
parce que chacun, suivant son goût, accorde plus
d'estime à un genre de beauté qu'à un autre ; mais
ceux dont la connaissance n'est pas encore assez
formée ont des goûts exclusifs et décident téméraire-
ment. »

Nous n'avons pas le temps d'analyser ces notes si
curieuses de Cochin. L'important est d'indiquer les
conséquences de la mission qu'il dirigea. En apparence, Nicolas Cochin n'accompagnait le jeune
Vandières qu'au titre d'un aimable mentor. Mais il
avait résolu de lui former le goût, de lui inculquer
ses idées, d'en faire le tout-puissant serviteur de
l'esthétique qu'il préférait. Il y réussit à merveille.
Le long directorat qu'exerça le frère de Mme de Pompadour, de 1751, date où la mort de Tournehem le
fit titulaire du poste, jusqu'en 1773, ce ministère de
plus de vingt années, c'est le règne de Cochin, les
triomphes de ses plus chères doctrines, doctrine
d'heureuse et sage réaction.

Une évolution nouvelle des styles français date de
ce voyage.

La formule décorative qu'on appelle communément « le style rocaille » avait donné dans les premières années du siècle de charmantes créations où
la fantaisie la plus libre s'épanouissait sans perdre

la mesure. Depuis l'époque de la Renaissance, le
principe de la symétrie régnait despotiquement ; il
s'était fait contre ce despotisme une révolution qui
fut bienfaisante jusqu'au jour où elle méconnut sa
raison d'être et sembla s'affranchir de toute loi.
L'idée de s'inspirer, en architecture et en décoration,
des accidents de la nature avait été une idée féconde.
Mais un jour vint où orfèvres, architectes et décorateurs, emportés par un caprice sans frein, mécon-
nurent le principe même qui les avait dirigés d'abord,
oubliant que la nature n'inquiète jamais ni l'œil ni la
raison et qu'une logique mystérieuse préside à l'infinie variété de ses spectacles. De lourds esprits
prirent plaisir à renchérir sur les excès de la mode.
L'idéal ronflant et vide du Turinois Meissonnier
égara le goût ; Oppenord, Borromini perdirent le
sens de l'équilibre jusqu'au mépris des lois de la pe-
santeur. Ce ne fut partout que contourné, chan-
tourné, folles compositions sans axes, le devant mis
derrière, le bas en haut, la pyramide reposant sur sa
pointe. « Les ornements sont tout de travers, suivant le goût nouveau », constatait avec résignation
le duc de Luynes. Passe encore pour les maîtres du
genre, mais la cohue des imitateurs était alors aussi
funeste qu'aujourd'hui. Après la mort de Meissonnier, ses disciples tombèrent dans le pire : « Nous
avons vu ses copistes, dit *le Mercure*, décorer et placer
de côté des consoles et des clefs de voûte quoique ces
corps exigent nécessairement par leur essence
l'aplomb le plus exact. »

Ceux qui accompagnaient M. de Vandières, un Cochin, de sagesse si française, un Soufflot, artiste sévère, dont la pensée, au dire de Marmontel, « était inscrite dans le cercle de son compas », maudissaient cette rage de boursouflures. On imagine aisément quelle influence durent avoir sur ces intelligences d'élite le commerce immédiat de la beauté antique, la vision du luxe gréco-latin retrouvée sur le chantier récemment ouvert des fouilles d'Herculanum, la campagne de Rome et son charme austère. En présence de ces modèles éternels, Nicolas Cochin jura la perte des corrupteurs du goût.

Par tempérament, il était ironique et batailleur, toujours prêt à noircir du papier, à pétitionner, à troquer le burin pour la plume. Il avait le style persuasif et non sans verdeur. Nous lisons dans un *Mémoire* de lui, justement fameux : « Tout était livré à un esprit de vertige... La véritable époque décisive, ç'a été le retour de M. de Marigny d'Italie et de sa compagnie. Nous avions vu et vu avec réflexion. Le ridicule nous parut à tous bien sensible et nous ne nous en tûmes point. Nos cris gagnèrent dans la suite que Soufflot prêcha d'exemple. Il fut suivi de Potain et de plusieurs autres bons élèves architectes qui reviennent de Rome. J'y aidai aussi comme la mouche du coche. J'écrivis dans *le Mercure* contre les folies anciennes et les couvris d'une assez bonne dose de ridicule. » Dès le début de 1752, Cochin lisait à l'Académie des beaux-arts une notice sur l'utilité du voyage d'Italie. En 1754, il pu-

bliait sa Supplication aux Orfèvres, sorte de manifeste railleur où le bon sens revendique ses droits et
qu'il siérait encore d'afficher aux murs de nos
écoles... « Se souvenir qu'un chandelier doit être droit
et perpendiculaire pour porter la lumière, qu'une
bobèche doit être convexe pour recevoir la cire qui
coule et non pas concave pour la faire tomber en
nappe sur le chandelier ». A chaque ligne ce sont des
traits semblables : il faudrait citer tout le mémoire.

Telles furent les leçons que reçut M. de Vandières
en ses années d'apprentissage. Devenu directeur général, il s'en souvint toujours. Sa correspondance
avec Natoire le montre constamment soucieux de
prémunir les pensionnaires contre les tours maniérés ;
il les invite à viser au grand et au simple. On l'avait
mis dans la voie droite ; il y demeura aisément.

La vie de M. de Vandières et de Marigny mérite
d'être écrite. Les annales de son directorat consti-
tuent un chapitre, et non des moins intéressants, de
l'histoire de l'ancien régime. Ce fut un homme de
bonne volonté, qui, parti de très bas, se maintint,
avec modestie et fermeté, au rang très haut où
l'avait porté un caprice du sort. Il sut grandir avec
sa fonction. Son entrée en charge semble d'un roué ;
son gouvernement fut d'un homme de bien. Les témoignages contemporains lui sont favorables. « C'est
un homme bien peu connu, dit de lui Quesnay ; personne ne parle de son esprit et de ses connaissances,
ni de ce qu'il fait pour l'avancement des arts ; au-

cun, depuis Colbert, n'a fait autant dans sa place. »
Et Mme du Hausset, dans ses Mémoires : « M. de
Marigny avait voyagé avec d'habiles artistes en Italie et avait acquis du goût et beaucoup plus d'instruction que n'en avaient eu ses prédécesseurs... Il
ne faisait la cour à personne, n'avait aucune vanité
et se bornait à des sociétés où il était à son aise. »

Celui qui nous renseigne le mieux et sur l'homme
et sur l'œuvre, c'est Marmontel, dans ses Mémoires.
L'auteur des *Contes moraux* eut beaucoup de protec-
teurs ; il fit de Marigny son bienfaiteur de prédilection. Entré sur la demande de Mme de Pompadour
dans les bureaux de la surintendance, Marmontel,
lorsqu'il put renoncer aux emplois subalternes, demeura l'ami et le confident du personnage dont il
avait été le commis. Son témoignage mérite toute
confiance ; il aime et respecte son chef. Il en parle
avec assez de liberté pour qu'on le croie sur parole
et qu'on accepte à la fois dans son récit et la critique
et la louange. Marmontel reconnaît au marquis de
Marigny « une droiture, une franchise, une probité
rares ». — « Il remplissait, dit-il, si dignement sa
place qu'à son égard la faveur me semblait n'être
que simple équité. » Notons quelques ombres dans le
portrait. Le directeur général des bâtiments était
ombrageux, jaloux de son autorité, avide d'égards et
volontiers porté à croire que l'origine un peu trouble
de sa fortune lui valait par derrière autant de bro-
cards qu'elle lui attirait d'hommages directs. Un
homme ainsi placé dans une situation équivoque

n'aurait pu avoir Alceste pour commensal ; Marmontel, par bonheur, était un Philinte. Il sut caresser
Marigny dans sa manie secrète et ne se familiariser
qu'à bon escient. En lui faisant donner son premier
emploi, Mme de Pompadour lui avait soufflé à
l'oreille ce conseil qui prend dans sa bouche une autorité singulière : « Les gens de lettres ont dans la
tête un système d'égalité qui les fait quelquefois
manquer aux convenances. » Marmontel comprit à
demi-mot. Il supporta les travers de son bienfaiteur,
ses accès de grosse ironie, les quelques boutades de
bourgeois parvenu où se trahissait chez cet excellent
homme la vulgarité de l'origine. Ce fut le secret de sa
longue faveur. Après tout, si le marquis de Marigny
souffrit par instants de ne pas devoir sa carrière à
son seul mérite, il est équitable de lui en savoir gré.
Louons-le surtout d'avoir su modérer ses désirs et
contenir sa fortune. Sa sœur voulait le marier dans
une grande famille : il s'obstina à refuser d'illustres
alliances pour prendre une femme de son choix. Il
paraît que le choix ne fut pas heureux : du moins
fut-il libre et pur de calcul. Il ne voulut ni d'un
duché à brevet, ni de la survivance de M. de Saint-
Florentin, ni d'aucun ministère. « Directeur général
des bâtiments, seigneur de Montreuil aux Lyons,
Vantelet, Vandières, Mouthiers, vicomte de Clignon,
Lucy le Bocage et autres lieux, conseiller du roy en
ses conseils, commandeur de ses ordres », Marigny
estimait que c'était assez pour le fils d'un homme qui
avait failli être pendu. En sa qualité de parfait

fonctionnaire, il ne détestait pas l'avancement. Mais il lui déplaisait que les chansonniers eussent raison contre lui. « Le public, disait-il devant Mme du Haussct, serait injuste envers moi, quelque bien que je fisse dans une place ».

Le public en fut pas injuste envers lui. La postérité le traite mieux encore. Elle sait gré à l'avant-dernier surintendant de la monarchie d'avoir bien servi son pays et son prince ; elle l'admire d'être demeuré docilement, pour le bien de l'art et des artistes, à l'école d'un homme tel que Cochin. Son nom reste attaché à d'heureuses mesures : l'achèvement du Louvre, la construction de l'École militaire par Gabriel, celle de l'église Sainte-Geneviève par Soufflot, l'ouverture de la galerie des Rubens au Luxembourg, la création de la Manufacture de Sèvres. Il était laborieux, exact, bon comptable et ménager des deniers publics. Les documents, dans leur froide exactitude, sont de sûrs témoins en sa faveur. Sa correspondance avec le contrôleur Lécuyer le montre équitable et prévoyant. Il n'obtenait pas toujours les crédits dont il avait besoin. Il lui fallait plaider la cause de ses entrepreneurs, généralement mal payés et toujours par acomptes, résister aux caprices des puissants, dire non au besoin. Savoir refuser était déjà une rare vertu chez un homme en place. Dans les dernières années de sa gestion, il fut aux prises avec des difficultés assez piquantes ; nous le voyons s'occuper à la fois de l'établissement d'un appartement pour Mme du Barry et des logements de la Dauphine Marie-

Antoinette. Il préside à ces deux opérations avec une parfaite impartialité ; à force d'insistance il arrache à Terray les fonds nécessaires. Fatigué, malade, abreuvé de chagrins domestiques, il se retira en 1773 pour faire place à M. d'Angivilliers.

Les artistes qu'il avait aimés d'un cœur sincère et défendus avec courage lui demeurèrent fidèles dans sa retraite. Lorsqu'il mourut, en 1781, les regrets furent unanimes. Cochin consacra dans le *Journal de Paris* quelques pages flatteuses à celui qui avait été son chef, son ami et toujours son élève. Il énumère les mesures utiles prises par M. de Marigny et en fait ressortir l'excellence, sans oublier de mentionner, entre autres résultats méritoires, qu'il obtint du roi, « en faveur de plusieurs artistes, le cordon de l'Ordre de Saint-Michel ». Cochin prend soin de rappeler le voyage d'Italie : « Il acquit ainsi, dit-il, une véritable connaissance des arts ; cependant, loin de se livrer à cette confiance dont tant d'autres moins éclairés abusent pour prendre un ton tranchant, il ne porta jamais de décision sans avoir consulté plusieurs artistes à qui il avait accordé sa confiance et particulièrement ses compagnons de voyage, qu'il appelait ses yeux. » L'éloge se termine ainsi : « Sa mémoire sera conservée précieusement dans l'histoire des arts et est honorée des regrets des artistes qu'il a toujours traités plus en ami qu'en supérieur. »

Lorsque Cochin écrivait ces lignes, les effets du voyage de 1749 aboutissaient à cet art délicieux où l'eurythmie gréco-latine se mariait à la grâce fran-

16

çaise. Dans le charme discret du décor dessiné par Mique allait chanter la Muse de Chénier.

La graine de cette exquise floraison du goût, M. de Vandières l'avait rapportée d'Italie dans ses bagages.

LUDOVIC HALÉVY [1]

C'ÉTAIT un sage. — La folie humaine comportant des modes extrêmement variés, nous sommes tentés de croire que la raison se doit à elle-même de n'avoir qu'un seul et même aspect. Nous l'imaginons volontiers sous une figure morose. Il y a presque autant de manières d'être un sage qu'il y en a d'être un sot. Ce charmant homme, mélancolique et souriant, n'avait rien d'un vieillard dans les allures ; sa philosophie semblait d'un aïeul. Cette philosophie, aussi ferme que discrète, venait, à vrai dire, d'assez loin : elle eut son point de départ aux Bouffes-Parisiens. En apparence, il y a là quelque chose de troublant pour les théoriciens de la logique pure. Mais pourquoi serait-il interdit à la sagesse de prendre le chemin le plus long ? Celle de Ludovic Halévy avait choisi des sentiers détournés. Elle s'était un peu divertie en route. Il y aurait de l'ingratitude à le lui

1. Notice parue dans la *Revue de Paris* du 1er juillet 1908.

reprocher : en cherchant son propre plaisir, elle a fait les délices de plusieurs générations.

La carrière de Ludovic Halévy devait être, d'après les projets de sa famille, la moins aventureuse des carrières. Il fut voué, de bonne heure, à l'administration. « Savez-vous, nous disait-il un jour, que je suis le doyen des chefs de bureau ? » Il ne revendiquait point cette qualité pour qu'on lui offrit un banquet ; mais il ne lui déplaisait point de rappeler qu'il avait été fonctionnaire. « Je dois beaucoup, déclarait-il, à l'administration. » Ses parents désiraient faire de lui un respectueux ; ils furent imprudents. On le mit en apprentissage chez Morny ; c'était d'une pédagogie hasardeuse. On l'installa au banc des secrétaires-rédacteurs de la Chambre des députés : le spectacle d'une assemblée politique ne dispose pas nécessairement à la déférence. Après avoir vu de très près le ı onde parlementaire, il alla, dans le cabinet d'un ministre, compléter ses humanités pratiques. N'était-ce pas, avec les meilleures intentions du monde, défier sa vocation d'ironiste ? Il se prêta de fort bonne grâce à ces stages successifs. Plus tard, il leur savait gré d'avoir éveillé et cultivé en lui le sens de l'irrespect.

Des coulisses de la politique, Halévy pa sa tout naturellement à celles du théâtre. Chez son ancien chef, le moins solennel des grands seigneurs, il avait vu fabrique· des vaudevilles sur le papier de l'État. Il imita son illustre patron. Son coup d'essai fut d'ailleurs d'une modestie exemplaire : sous le pseudonyme de Jules Servières, il rima le prologue d'ouverture d'un petit théâtre. Ce n'était pas méchant, et c'était fort peu révélateur d'une destinée littéraire. On sifflait alors les mauvais débuts : Jules Servières ne fut point sifflé. Il ne lui en fallait pas davantage pour renoncer aux grandeurs administratives. Le démon du succès l'avait tenté. Bientôt après, un de ses camarades, Hector Crémieux, lui proposa de faire ensemble une pièce, « une vraie pièce ». Et *Orphée aux Enfers* fut conçu.

Vingt-huit années après cette date mémorable du 21 octobre 1858, Halévy prenait séance à l'Académie française. Il disait à ses nouveaux confrères : « Messieurs, on m'a souvent reproché d'être un homme heureux. Je n'ai jamais fait difficulté de reconnaître que cette accusation était pleinement justifiée. » En effet, dès ses premiers pas, la chance l'avait pris par la main. Elle lui fit faire la rencontre du musicien créé spécialement pour le compléter. L'idée de taquiner les dieux de l'Olympe ne trahissait pas un dessein profond. D'une farce improvisée par deux apprentis vaudevillistes le lyrisme endiablé d'Offenbach sut faire une extraordinaire nouveauté. Et les auteurs d'*Orphée aux Enfers* se trouvèrent avoir inventé un genre, sans l'avoir aucunement prémédité.

La date d'*Orphée* est à retenir. Pour n'avoir rien eu de solennel, elle n'en est pas moins capitale dans l'histoire de notre théâtre. La bouffonnerie lyrique devint, ce jour-là, un besoin de l'esprit français. Il n'est rien de plus mystérieusement spontané que la création d'un genre. Cela arrive sans qu'on le fasse exprès. Pour qu'une forme nouvelle de comique s'impose et prospère, il lui faut la collaboration du public, j'allais dire sa complicité. Les Parisiens de 1858 demandaient à être grisés de fantaisie. Ils faisaient ingénument le songe d'un perpétuel bonheur. On cite toujours le mot de Talleyrand sur la douceur que goûtèrent à vivre les derniers voluptueux de l'ancien régime : nous consentons, par extraordinaire, à en croire Talleyrand sur parole. Mais se bien figurer l'humanité de style Louis XVI exige un effort d'imagination. Au contraire, à chaque pas que nous faisons dans les choses d'aujourd'hui, nous nous heurtons à quelque vestige de la société du second Empire. Période toute vo'sine de nous, bien que déjà à demi légendaire. Naguère encore, il était de bon ton de la juger avec rigueur. Quelques occasions, qui nous ont été fournies récemment, de faire notre examen de conscience nous ont enseigné la vertu du pardon. Nous commençons, sinon à douter de la corruption impériale, qui garde la majesté d'un fait, du moins à la considérer sans colère. Ce tout petit Paris des Tuileries et des Variétés a été habité par une race de pécheurs que l'histoire n'aura pas le courage de damner. Ils ont eu tant de raisons d'être coupables et tant d'excuses : ils se croyaient en sûreté. Comment leur en vouloir d'avoir fait joyeusement la veillée du malheur ? S'amuser avant une catastrophe, c'est assurément manquer de prévoyance. Peut-être est-il moins innocent de continuer à s'amuser après.

A ces gens, éperdument heureux de vivre et convaincus de leur hégémonie sur l'univers, il fallait un théâtre impertinent, chimérique et outrancier. Par contre, si libres et si folles que fussent les mœurs, les lois étaient soupçonneuses et maussades. Ce sont là d'excellentes conditions pour la bonne satire. Il nous est loisible, chaque jour, de constater à quel point les périodes d'extrême facilité politique permettent d'exceller dans l'injure. Les régimes dits de compression produisent des littératures plus aimables : le discours académique à allusions, la chronique perfide, le roman à clef. Le second Empire accepta le vaudeville lyrique et l'encouragea pour éviter pire. Lorsqu'il nous arrive de relire une de ces opérettes d'autrefois, dont la hardiesse inquiéta la censure, nous sommes étonnés de son innocence. On s'explique difficilement aujourd'hui qu'*Orphée aux Enfers* ait alarmé des moralistes. Au succès étourdissant de la *Belle Hél·ne* s'ajoutait une pointe de scandale. Quant au public, il se laissait scandaliser en toute candeur.

Jamais peut-être on ne reverra pareil exemple d'intimité entre des auteurs et une foule. *La Belle Hélène, Barbe-Bleue, La Vie parisienne, la Grande-Duchesse, la Périchole*, ces nourritures légères étaient si bien ce qu'il fallait servir à des gourmandises fatiguées ! Un peu de poison se cachait dans la friandise, mais si discrètement dosé ! Le glorieux trio inséparable — Meilhac, Halévy, Offenbach — gagna, à se sentir à la fois applaudi et surveillé, le don de la mesure exquise dans l'universelle dérision. Il osa

beaucoup, sans jamais aller jusqu'au point où l'audace mérite de changer de nom. Dans cette fortunée
collaboration, on s'est demandé, on se demande
encore quel fut l'apport de chacun. Ce petit mystère
demeurera tou ours fort obscur. Halévy eut assurément sa part de verve créatrice et d'invention. Ceux
qui l'ont connu, ne disons pas repentant, mais assagi,
l'imaginent volontiers jouant entre ses deux amis le
rôle de modérateur.

Quant au public, il se souciait fort peu de choisir
entre ses trois amuseurs favoris ; à chaque soirée
nouvelle, il acclamait leur triple signature. Ce fut une
débauche de parodie. Entre 1865 et 1870, les Parisiens voulaient rire. Rire de quoi ? De tout et de tous,
de leurs hôtes et d'eux-mêmes, de la paix, de la
guerre, des lois, des révolutions, des tyrannies, des
gloires consacrées, de la bêtise et du génie, même de
l'amour. Tout y passa.

La sacro-sainte antiquité fut la première victime
sacrifiée à cette fureur d'irrespect. C'est une vieille
tradition de l'espièglerie nationale d'habiller les héros
et les dieux à la mode du jour. Pendant la querelle
des anciens et des modernes on vit le prudent Charles
Perrault, un académicien exemplaire, compromettre
sa dignité en de pet'ts vers blasphématoires. Marivaux commit un *Homère burlesque*, à l'exemple du
Virgile travesti de Scarron, pour le plaisir pervers
d'exaspérer le couple Dacier. L'opérette de Meilhac
et Halévy s'attaqua à la majesté antique avec une
effronterie encore inconnue. La censure impériale

la laissa faire, et pour cause : cette émeute-là n'avait
rien de dangereux. Cependant quelques graves personnages crièrent à l'iconoclastie. Jupiter, Achille et
Agamemnon trouvèrent des défenseurs. S'il y eut
crime, les coupables furent innombrables. Ils n'a-
vaient point de mauvaises intentions. S'égayer aux
dépens de l'antiquité, c'est, pour un peuple de bache-
liers, une revanche contre les pensums de jeunesse. A
bien considérer les choses, cette insurrection cachait
un hommage. Qui donc a dit que la parodie était
une forme de l'admiration ? Nos pères, gens de
routine, faisaient des versions grecques et des vers
latins. S'ils en gardaient une rancune, ils en conce-
vaient de l'orgueil. Assis dans une stalle des Variétés,
l leur parut délicieux de se venger d'ombres illustres
en les tutoyant. Pour beaucoup de gens encore mal
lébarbouillés d'humanisme, blaguer Homère, c'était
presque une manière de le relire.

« Blaguer ! » il faut bien l'écrire, ce mot mal famé,
et il y aurait à le taire trop d'hypocrisie. A l'ancien
burlesque classé des vieux maîtres du rire, l'opérette
substituait quelque chose de plus acide qu'un mot
semblable pouvait seul définir. La blague remplaça
le grotesque. Elle eut, en naissant, son heure de gloire.
Ce fut aussi sa période d'innocence. Si impertinent
que fût ce théâtre, il égratignait sans meurtrir. L'ironie de l'opérette était, en somme, conservatrice. L'insouciante société dont elle faisait la joie lui savait gré
de ne rien vouloir changer à l'ordinaire du monde.
C'est nous autres, les tard venus, ceux du lendemain,

qui y avons mis de notre perversité et de notre tristesse. Lorsque ce répertoire comparut devant une
seconde génération, il avait perdu de son ingénuité
et de sa grâce premières. Rappelons-nous l'effet, presque sinistre, que produisit, après la guerre, une reprise
de *la Grande-Duchesse*. Les rires ne sonnaient plus le
même son. Ce qui au public de jadis avait paru raillerie douce semblait satire féroce. Des drôleries, naguère
inoffensives, prenaient on ne sait quels airs de prophétie. On faillit penser que les auteurs de cette bouffonnerie sans fiel avaient eu le dessein secret d'édifier et
d'avertir leur temps.

Songèrent-ils jamais à pareille chose ? nous n'en
croyons rien. Ce n'était pas leur faute, s'il est impossible de ridiculiser les hommes et les choses, sans faire,
consciemment ou inconsciemment, besogne de moraliste. Derrière tout comique se cache une tristesse.
L'arrière-goût d'amertume que l'on trouve aujour-
d'hui au fond de ces gaîtés anciennes, c'est nous qui
l'y ajoutons. On sait le proverbe : « Les pères ont
mangé des raisins verts et les dents des fils en sont
agacées ». Les habitués de l'Exposition de 1867 ignoraient la mélancolie.

Que deviennent les succès du rire ? Dix ans semblent suffire à les démoder irréparablement. C'est
là-dessus surtout qu'il est téméraire de prophétiser.
Nous osons croire pour'ant que les opérettes de
Meilhac et Halévy, dussent-elles disparaître des
colonnes d'affiches, demeureront essentielles à l'intelligence de toute une période de notre histoire. On se

reprocherait d'alourdir ces choses délicates en insistant sur leur importance documentaire. Mais comment fera-t-on pour comprendre ce moment de l'humeur française si l'on n'interroge pas ceux qui l'ont noté le plus fidèlement ? Ces petits poèmes gouailleurs ont été écrits sous la dictée de tout le monde. Sans doute, les spectateurs qui les acclamèrent songeaient peu à en exagérer la portée. Les feuilletons contemporains sont bien curieux à relire. Il en est de solennellement indignés qui se croient obligés de venger la Fable et l'Olympe outragés. La plupart sont sympathiques et louangeurs. Il en est peu qui pressentent que la littérature comique vient de s'enrichir d'une formule nouvelle. La qualité de chef-d'œuvre est rarement conférée à un ouvrage par les artisans de son succès. On eût, croyons-nous, grandement étonné les lecteurs des *Contes* de Voltaire et Voltaire plus encore, en leur prédisant que *Candide* et l'*Homme aux quarante écus* serviraient mieux la gloire du patriarche de Ferney que *Mérope* et le *Dictionnaire philosophique*. Est-ce à dire que l'opérette puisse prétendre à une égale immortalité ? On objecte qu'il lui manquera toujours cette garantie de durée que confère seule la beauté du style. C'est, en effet, écrit sans façon, au petit bonheur, avec une grâce si spontanée, si naturelle, que l'art d'écrire s'y dissimule de son mieux. Qui oserait refuser pourtant à cette langue aisée et mordante la consécration des bibliothèques ? En attendant, elle a déjà celle de la conversation. Après plus de quarante ans, certaines

formules de cette ironie qu'on a jugée passagère per-
sistent dans le vocabulaire. Il arrive aux plus graves
causeurs de faire des emprunts involontaires aux propos de Calchas et de Boulotte. Ces étranges manières
d'exprimer des vérités éternelles ont fini par prendre,
avec le temps, une vague dignité. Des fantoches carica-
turaux se sont installés, peu à peu, à l'état de types
dans nos souvenirs. Lorsque nous allons les revoir,
nous les saluons avec une sorte de déférence, non plus
de ces tempêtes de rire qui secouaient une salle
entière, mais d'un sourire averti où il y a de l'attendrissement. On dirait que la postérité a déjà commencé pour ce théâtre qui semblait si peu se soucier de son
lendemain. Si ce n'est point là de la gloire régulière,
au sens où l'entendent les dictionnaires et les manuels,
de quel nom faut-il appeler cela ? Mettons que ce soit
de la gloire en contravention.

Disons-nous trop ? Il y a, nous ne voulons pas
l'oublier, la hiérarchie des genres. Mais ne voilà-t-il
pas une hiérarchie aussi malade que les autres hiérarchies ses sœurs ? Nous avons assisté à la déroute des
théories au nom desquelles se délivraient les permis
d'admiration. Il n'y a plus, en littérature du moins,
rien d'illégal ni de défendu. Autrefois, c'eût été un
devoir de se demander si l'opérette participait du
bouffon, ou du burlesque, ou du grotesque, ou de la
caricature, ou de la parodie. Mais quoi ! personne ne
croit plus à la nécessité des classifications. C'est l'opérette, et voilà tout, c'est-à-dire un des plus aimables
caprices du génie français. Et cela suffit aux êtres

antisolennels que nous sommes. Si nous avons tort ou raison on ne le saura que dans un siècle ou deux.

Être les rois du rire ne suffit point à Meilhac et à Halévy. Ils eurent la fantaisie de faire pleurer. L'entreprise eût été, pour d'autres, hasardeuse ; mais ces fins connaisseurs de la sensibilité parisienne pouvaient tout se permettre avec leur public, même cette témérité : changer de manière. Les spectateurs de *Froufrou* s'aperçurent à peine que cette fois leurs joyeux amis leur demandaient de s'attendrir, ni plus ni moins qu'aux mélodrames du boulevard du crime. L'histoire était, si l'on veut, assez banale, et déjà mille fois racontée ; le miracle fut dans le tour de main. Le hasard voulut qu'une comédienne, ignorée la veille, incarnât l'héroïne de la pièce avec une grâce qui ressemblait à du génie. Mettons qu'Aimée Desclée ait été pour beaucoup dans le triomphe. Mais depuis, nous avons revu *Froufrou* bien des fois, jouée n'importe où, par n'importe qui. Et toujours notre émotion était la même, et toujours les mêmes larmes nous montaient aux yeux. D'où vient le durable prestige de cette comédie tendrement cruelle ? N'est-ce qu'un récit d'adultère, après tant d'autres ? Sans doute ; mais avec quel art le vieux roman de l'épouse coupable était recommencé et rajeuni ! Les auteurs se gardaient comme d'une inconvenance de prendre le ton de la prédication. Et voilà que ces maîtres ironistes se révélaient des conseillers de pitié ! On l'a transposée dans toutes les langues, cette frivole comédie qui force à pleurer. *Froufrou* nous est revenue avec des noms moscovites ou scandinaves. Nous sommes si férus d'exotisme que nous ne l'avons pas reconnue sous ses divers déguisements. C'était notre *Froufrou* pourtant, moins cet on ne sait quoi d'indéfinissable qui n'est que de France et de Paris. Il est des manières qui ne s'imitent point.

Encore une œuvre qui échappait à la classification des genres. Était-ce un drame ? ou une comédie de mœurs ? ou une comédie de caractère ? Point de la comédie larmoyante, à coup sûr. Et surtout, en aucune façon, une pièce à thèse. L'idée foncière des auteurs de *Froufrou*, c'est que le théâtre est un lieu de plaisir, c'est-à-dire ce qui doit ressembler le moins à un cours de morale. Ils prenaient les spectateurs pour de vieux enfants, impatients, nerveux, exigeants qui demandent qu'on leur raconte une histoire. Ce sont des êtres moyens, médiocrement propres à la méditation. Ils ne veulent être ni brusqués, ni prêchés. Ils consentent bien à être attristés pendant quelques heures, mais il leur déplaît qu'on les dégoûte à l'excès de l'existence. Jamais écrivains dramatiques ne sentirent aussi finement ce qu'un public français consent à se laisser dire et veut qu'on lui taise. *Froufrou* est une merveille de tact. Sous son air de ne pas toucher à la morale, il n'est pas de pièce plus édifiante. La sagesse s'y dissimule avec la plus coquette hypocrisie. Tous ces gens si malheureux confisquent la sympathie universelle. L'ancienne psychologie de convention, selon laquelle l'humanité se divisait en deux catégories distinctes, les bons et les méchants,

reconnaissables, les uns et les autres, à leurs propos
et à leurs costumes, d'un côté les victimes, de l'autre
les traîtres, tout cela se trouve relégué, sans qu'il y
paraisse, au magasin des accessoires démodés. Les
auteurs de la *Belle Hélène* se souvenaient d'avoir, à
leurs débuts, absolument déconsidéré la Fatalité.
Aussi ne lui réservèrent-ils aucun rôle dans la distribution de *Froufrou*. Ils lui interdirent de paraître en
scène. Elle demeura anonyme, avec défense de venir
faire aucune conférence devant le trou du souffleur.
Elle n'en fut que mieux présente, et plus féroce cent
fois que dans les vieilles fables où elle apparaissait
coiffée de vipères.

Gilberte et Valréas ont fait le rêve absurde de consacrer leurs deux existences à la seule occupation de
s'adorer. Les voici à Venise, dans le décor des crimes
héroïques, tout étourdis encore de leur bonheur. Ils
se croient heureux. « Qu'est-ce que je deviendrais,
mon Dieu ! si je n'étais pas heureuse ! » s'écrie Froufrou. La poste italienne dépose sur la table, à côté
du verre unique où boivent les deux amants, un
paquet de lettres et de journaux. On s'interrompt,
un instant, de s'aimer pour voir ce qui se passe là-bas,
dans le Paris quitté. Le pauvre couple exilé, par un
geste machinal et rituel, interroge le courrier des
spectacles : *Le journal tombe des mains de Valréas.
Tous deux restent un instant silencieux, puis se regar-
dent...* Les auteurs n'en disent pas davantage. Un des
plus éloquents silences qui se soient entendus au
théâtre plane sur la salle, soudain oppressée. La Fata-

lité vient de se révéler. Sous quel aspect ? Sous celui
du *Figaro*. Elle n'a rien dit, mais le discours dont elle
leur a fait grâce, les spectateurs pourraient le souffler : « Chers petits êtres criminels et innocents, perdus dans la ville de la mort, légères âmes égarées au
paradis de la passion, que vous êtes désespérément
loin de chez vous ! Quelle étrange idée avez-vous eue
de jeter à la vie un défi pareil ? Vous avez laissé
derrière vous le monde de l'existence sans orages et
sans hontes. Vous vous êtes crus faits pour l'effroya-
ble tentative de la solitude à deux. Avez-vous réfléchi que vous auriez seize heures à tuer par journée
d'amour ? » Le soupir avec lequel Froufrou ferme
le *Figaro*, ce moderne messager de Némésis, quelle
tirade tragique a jamais exprimé plus d'amertume ?
Les deux Parisiens, d'esprit subtil et de main légère,
se sont gardés d'appuyer sur la plaie. Mais une larme
a coulé qui ne s'y trompe pas. Entre les auteurs et
leur public on s'est entendu à demi-mot.

Déjà la pauvre petite poupée repentante est par-
donnée. Mais Meilhac et Halévy n'auraient voulu
pour rien au monde la condamner à une nouvelle
expérience du bonheur. Le dénouement, qui semble
implacable, est plein de miséricorde. Froufrou méta-
morphosée par le remords ? Froufrou raisonnable et
corrigée ? L'ancien théâtre acceptait les êtres humains
qui, à la fin d'un cinquième acte, quelques minutes
avant le coup de minuit, s'avisaient soudain de changer d'âme. Ceux qui avaient créé Gilberte la voulaient
et la savaient incorrigible. Ils lui ont fait la galanterie

d'une jolie mort. Froufrou se sépare, en femme d'esprit et de goût, du mari qu'elle a trahi, de sa sœur méconnue, de son enfant abandonné, et du public qu'il lui faut séduire une fois de plus. Elle laisse tout le monde attendri et désarmé.

Œuvre exquise et qui, à chaque ligne, témoigne d'un tact infaillible ! Meilhac et Halévy ne prétendaient ni condamner leur héroïne, ni la jucher sur un piédestal. Nous avons vu, depuis, revendiquer avec quelque vacarme ce qu'on appelle « les droits de la passion ». Par contre, de sévères dramaturges nous ont montré ce qu'il y a de vanité et de cruauté dans l'amour. Il ne s'agit point, dans *Froufrou*, de maudire la passion, pas plus que de la diviniser. Deux philosophes résignés et compatissants nous demandent d'accepter comme telle cette petite âme funeste et malheureuse. Ils ne nous défendent point de l'aimer. Ils en seraient bien empêchés : ils ont pour elle une faiblesse toute paternelle. Et puis, ayant appris la vie où il faut l'apprendre, ils ont fait le tour de bien des choses. Ils sont résignés à ne rien changer au train du monde et à l'humaine nature. Grâce au ciel, nous ne manquerons jamais de personnes bien intentionnées pour entreprendre de refaire les âmes. Cet ouvrage de refonte est commencé depuis longtemps. Nous n'apercevons point qu'il avance, parce que nous n'avons pas le recul nécessaire pour en bien juger. Il faut faire provision de patience. En attendant, soyons reconnaissants aux philosophies plus modestes qui nous enseignent à tolérer nos semblables, tels qu'ils se

17

comportent provisoirement. Le monde, ce n'est ni
réjouissant, ni réussi, ni logique, ni toujours agréable
à contempler. Heureux les esprits qui parviennent à
le concevoir autrement qu'il n'est ! Nous sommes,
tout de même, plusieurs millions de créatures sur la
planète, qui n'arrivent point, quelque effort qu'elles
fassent, à se figurer les hommes plus justes et la vie
meilleure. La parole sacrée : « Aimez-vous les uns les
autres », est encore ce qu'on a trouvé de mieux jusqu'aujourd'hui. Peut-être est-ce encore trop demander. Entre camarades d'existence, qui se connaissent
à fond, s'aimer n'est pas facile tous les jours. Paix
aux hommes de bonne volonté et de sagesse miséricor-
dieuse qui, de temps en temps, viennent nous dire :
« Eh ! mon Dieu, ne vous aimez pas, à la rigueur, si
cela exige de vous trop d'héroïsme ! Tâchez au moins
de vous supporter. Vous n'êtes, après tout, ni des
anges, ni des monstres. Passez-vous gentiment vos
horribles petites faiblesses et tâchez de vous faire
souffrir le moins possible. Soyez surtout ménagers de
la douleur. »

Les grands mots philosophiques, les gros mots
révolutionnaires valent-ils mieux que cet humble
langage ? Lorsqu'il est tenu par un Montaigne, lorsqu'il murmure entre les pages d'un conte de Voltaire,
il réconforte pour le reste de la vie. Bénis soient les
esprits légers qui évangélisent en souriant ! Notre
bonne terre natale, la plus maternelle et la plus douce
qu'on puisse habiter, a toujours produit de ces délicats bienfaiteurs. Cette prédication sans morgue a

trouvé dans le théâtre de Meilhac et Halévy une de
ses formes les plus gracieuses. Prenons-le en bloc, ce
théâtre, en y comprenant les folles opérettes, et le
drame navrant de *Froufrou*, et l'adorable *Petite
Marquise*, comédies railleuses, fantaisies débridées,
mascarades échevelées, — dans tout ce bruit d'irrévérence, que découvrirons-nous ? Un perpétuel conseil de mansuétude. Ces fanfarons de scepticisme ne
nous ont fait si abondamment rire que pour nous·
provoquer à la bonté.

Vint un jour où il leur plut de se séparer. Étaient-
ils las de fraterniser dans le succès ? Pourquoi ? Le
public leur était demeuré fidèle et prêt à les suivre
sur tous les chemins. Au lendemain de 1870, ils
l'avaient retrouvé aussi docile et aussi fervent. Mais
ce n'était plus cette foule étourdie du second Empire,
qu'un rien mettait en joie. Avec les mauvais jours
étaient nés des idées, des goûts et des besoins nouveaux. Les visages et les cœurs avaient vieilli. Meilhac demeura au théâtre. Ludovic Halévy, plus méditatif, se mit à écrire de jolis livres attristés.

Les *Récits de l'Invasion* révélaient un clairvoyant
contemplateur dans le satirique apaisé. Livre sans
passion et sans colère, où nos illusions, nos chimères,
nos fautes étaient notées, au jour le jour, par un sûr
témoin. Devenu historien, l'auteur dramatique gardait l'horreur instinctive des longueurs. Jamais de
tirades ; et jamais le ton guindé du justicier amateur.
Point de phrases ; des faits, de petits faits, de grands

aussi, relatés sur un ton de sincérité parfaite et de mélancolique courtoisie.

Au lendemain de la guerre et de la Commune, il me souvient d'avoir assisté à la distribution des prix d'un lycée quelconque, que présidait un vieux général. Il devait un discours à son auditoire. C'était l'heure où les partis se jetaient l'anathème et s'excommuniaient à l'envi. Le bon vieux soldat, après avoir évoqué les souvenirs tout brûlants encore de la défaite, conclut ainsi : » Ne nous en prenons de nos malheurs qu'à nous-mêmes. » Nous n'étions que des gamins, déjà grisés de mauvaises rancunes, et, selon la loi de notre âge, prompts aux malédictions. Cette parole d'aïeul, si simple et si grave, nous parut fade et vide de sens. Seule, la vie pouvait nous apprendre ce qu'elle contenait d'équité. Que de fois depuis je me la suis rappelée, cette sentence si humaine et si sage ! Elle pourrait servir d'épigraphe liminaire au livre qu'a écrit Halévy sur l'invasion. Que de papier a été noirci à propos de la guerre de 1870, et toujours contre quelque chose ou contre quelqu'un ! Dans ce petit volume d'Halévy rien n'est outragé, personne n'est maudit. Qu'on n'aille pas croire que ce soit chez le narrateur indifférence ou défaut de pénétration ! L'écrivain est de ces hommes qu'on ne trompe guère. Il a été en bonne posture pour juger les uns et les autres. Lui aussi, il a dormi de ce sommeil qu'un réveil atroce a interrompu. Il revendique sa part dans la faute commune. En jetant les yeux autour de lui, il ne veut voir que des compagnons d'erreur. C'est l'examen de conscience d'une génération que Ludovic Halévy a fait là, à voix basse, sur le ton que doit garder dans une chambre de malade un visiteur de bonne compagnie. Aucune toilette funèbre au style : le sujet est suffisamment triste par lui-même. Parfois un sourire, presque involontaire : une habitude d'autrefois. Mais ce n'est plus le même sourire qu'au perron des Variétés.

On n'attendait pas d'Halévy ce livre d'une sobriété saisissante. C'était mal connaître l'arrière-fond de son esprit. Sous les dehors de la bonne humeur, il cachait une lourde réserve de mélancolie. Cet homme si heureux, et qui se proclamait tel, n'a jamais accordé à la vie sa pleine et entière confiance. Peu de Français ont senti plus profondément le contre-coup de la défaite. Avec la nouvelle des premiers désastres, il avait appris la mort tragique d'un ami qu'il admirait et chérissait. Le souvenir de Prévost-Paradol, mêlé à celui du malheur public, l'attrista pour le reste de ses jours. Il y eut deux Halévy, celui d'avant les *Récits de l'Invasion* et celui d'après. Sa mélancolie dédaigna toujours, d'ailleurs, de se montrer importune. Tout au plus se trahissait-elle par un refus courtois, mais formel, de s'enrégimenter dans aucun parti. Ce n'est pas Halévy qui aurait dit : « Les jeunes gens sont bien heureux, ils verront de belles choses. » Il pensait plutôt : « Pauvres générations de demain, vous aurez à faire des expériences nouvelles ! » Il s'éloignait de la politique comme d'un magasin de matières explosibles. Elle l'intéressait passionnément, en raison même de la peur qu'il en avait. Il se tenait au courant des moindres incidents de la vie publique. En bons termes, d'ailleurs, avec les représentants du pouvoir, qu'il plaignait un peu et admirait presque pour leur intrépidité. On le savait incapable de conspirer ; il était classé parmi les conservateurs non dangereux. Tout au plus lui en voulait-on un peu, dans certains milieux, d'avoir donné à « Monsieur Cardinal » trop de souci du bonheur de son pays.

Cette fois, il faut bien l'avouer, l'aimable railleur avait égratigné un peu cruellement. Il s'était offert une véritable orgie d'ironie. *La Famille Cardinal* est de tous les livres de Ludovic Halévy celui qui porte le mieux sa marque personnelle. Peut-il être goûté hors des frontières de cette région spéciale qu'on appelle la vie parisienne ? Qu'a bien pu donner sa traduction en langue étrangère ? Songe-t-on aussi à ce qu'un romancier pessimiste aurait tiré d'un sujet semblable ? Halévy a trouvé moyen de remuer ce linge malpropre, du bout de la pincette, sans troubler l'air. Il semble dire au lecteur : « De grâce, ne t'indigne pas. N'oublie pas qu'il s'agit ici des bas-fonds d'un petit monde particulier contre lequel il serait aussi vain que ridicule de se mettre en frais de sévérité. Au hasard de mes explorations de dilettante, j'ai vu poser devant moi ces exemplaires d'inconscience. Je les ai crayonnés au passage. Regarde-les comme les croquis d'un album de caricature. Ils sont vilains, mais si amusants ! »

Quelle sera la fortune de ce chef-d'œuvre d'impassibilité gouailleuse ? L'esprit en demeure toujours jeune. Ces types d'une espèce, heureusement exceptionnelle, ne prétendent pas à la vérité générale. Ils sont en marge des psychologies connues. Ils vivent pourtant d'une vie intense. Il ne semble point qu'avec le progrès des mœurs les petites femmes de théâtre et leurs ascendants aient perdu de leur importance sociale. Virginie, sous un autre nom, mais avec la même frimousse, s'est encore mariée, pas plus tard qu'hier, dans l'aristocratie. Avec une moralité très supérieure à celle de M. Cardinal, et peut-être moins d'ingénuité, d'austères apôtres continuent à éclairer leurs concitoyens « sur leurs devoirs et surtout sur leurs droits ». En réfléchissant, on serait capable de trouver aux différents membres de cette intéressante famille des chances de survivre à l'actualité. Halévy n'avait pas d'aussi lointaines prétentions. Il ne généralisait point, il philosophait à peine. Sa fantaisie était partie en bordée ; il se sentait en récréation. Ce qui l'amusait par-dessus tout, c'était, en racontant ces choses énormes, de moraliser tout doucement.

A parler franc, la moralité de cette histoire n'apparaît point tout d'abord. Elle met à se dissimuler tant de coquetterie que les esprits épais pourraient s'y méprendre. C'est le côté scabreux, et même inquiétant, de ce livre d'une si adorable scélératesse. L'écrivain n'a pas trop de toute sa délicatesse de touche pour estomper les couleurs fâcheuses du tableau. Aussi parfois, au détour d'une page, sent-il le besoin

de mettre de la distance entre ses personnages et lui.
Lorsqu'ils vont devenir trop vilains, il pirouette sur
les talons et leur fausse brusquement compagnie. Il
veut bien condescendre à écouter d'une oreille les
confidences de la maman; avec le père, il évite soi-
gneusement le tête-à-tête. On n'apporte pas plus de
décence dans le maniement de choses malodorantes.
La gaieté sauve tout. Et, sous son affectation d'impartialité impertinente, il n'est pas de livre plus respectueux de la vertu. On s'en aperçoit avec le dernier
éclat de rire.

C'était toutefois jouer un peu audacieusement la
difficulté. Pareil tour de force ne se fait pas deux fois.
L'auteur de *la Famille Cardinal* comprenait bien que,
s'il n'avait pas scandalisé son prochain, il l'avait
troublé quelque peu. Il eut le caprice de rassurer
entièrement les bonnes âmes. Il écrivit un conte de
fées, lui qui s'était si légèrement moqué des féeries. Il
voulut, avec *l'Abbé Constantin*, expier en une fois
tous les jolis péchés d'irrévérence qu'il avait commis.
Il se fit plus optimiste, plus consolateur, plus édifiant qu'un congrès de moralistes. Le succès de ce
petit poème, éperdument romanesque, est à l'éloge
de l'humanité. Il lui prend parfois un besoin irrésistible d'entendre dire du bien d'elle-même. Justement,
sous prétexte de vérité — on ne disait pas encore de
vérisme — d'implacables psychologues versaient à
flots la désespérance. Le roman se transformait en
une ménagerie de monstres enragés. La clientèle des
écrivains réalistes, un peu lasse du pessimisme, se

sentait, à la fin, froissée dans son amour-propre. L'occasion était opportune pour une réaction contre de trop véridiques littératures. Furtivement, gentiment, timidement, Halévy glissa, entre deux livres bien noirs, ce qui a été écrit de plus bleu depuis qu'il y a des contes et des conteurs. Ce confident avisé du public a toujours mis sa montre à l'heure qu'il était. Il devina que le moment était favorable à l'exaltation de la vertu.

Au fond de l'âme populaire, subsiste une prédilection pour le genre pastoral. Nos arrière-grands-pères ont raffolé des bergeries héroïques. En faisant une idylle, Halévy s'est bien gardé de donner à ses bergers des houlettes et des chapeaux de fleurs. Il les a costumés à la dernière mode. Il n'en fallait pas davantage pour les rendre acceptables et leur enlever l'apparence chimérique. Tout le monde prit pour des contemporains ces revenants du ciel de l'*Astrée*.

Ce village de Longueval, où les servantes sont fidèles, les paysans satisfaits, les Américaines modestes, et tendres les officiers d'artillerie, c'est, proprement, un coin de paradis à proximité du tout-Paris des premières. Ce fut à qui voulut aller passer un dimanche dans ce lieu de félicité. L'habileté merveilleuse du narrateur était de présenter, comme des créatures normales, des êtres descendus d'une planète éteinte. Les personnages de *l'Abbé Constantin* tiennent nos propos habituels et cachent poliment leur nature céleste. Ils dissimulent leur sublime. Nous finissons par nous trouver à notre aise en leur angélique compagnie. Au fond, c'est notre désir intime, à tous tant que nous sommes, d'avoir des âmes de cette qualité. Être bon, c'est ce que tout homme reproche aux circonstances de l'empêcher d'avoir été. Halévy s'est fait le confesseur de ce qu'il y a, au fond des consciences, de vocation contrariée pour le bien. Seulement, on ne sait jamais, avec ce diable d'homme ! Tandis que nous prenons tous un bain de candeur au potager de l'abbé Constantin, on dirait que l'auteur se retourne pour rire dans sa barbe. Ne croirait-il pas, par hasard, à cette justice immanente qui récompense tôt ou tard les bonnes créatures ? Il n'a aucunement voulu se moquer de son public. En son for intérieur, il savoure le plaisir d'artiste d'avoir su si adroitement rajeunir l'antique conte de fées. Il se félicite d'avoir escamoté l'attirail des enchantements, le voile blanc, les talismans, la baguette de coudrier. Autrefois le Prince Charmant et la fille du roi, après avoir traversé le cycle des épreuves, étaient ravis dans un empyrée jonché de roses. Les modernes ont une conception plus pratique des récompenses. Ils voient avec satisfaction un militaire d'une vertu parfaite se marier avec une ravissante demoiselle follement millionnaire. Les fils d'un siècle utilitaire conçoivent ainsi le dénouement des pastorales. Ce qui fait sourire le malicieux et tendre conteur, c'est la satisfaction d'avoir compris que la qualité du merveilleux s'était modifiée avec les progrès de la civilisation. Toujours un peu d'ironie se mêle à la bonté chez cet homme qui connaît son époque et veut l'aimer sans être sa dupe. Et puis, tout cela dit, nous aurons beau gloser, *l'Abbé Constantin* était un livre délicieusement nécessaire. Un pareil succès répond toujours à un besoin des cœurs et des esprits. Une bienfaisante émotion se dégage de ces pages parfumées d'optimisme. Elles vous réconcilient, du moins pendant le temps qu'il faut pour les lire, avec cette pauvre espèce humaine que les littératures ont tant calomniée.

Si méfiant des hommes et des choses qu'ait été Ludovic Halévy, il pensait beaucoup de bien de ses semblables. Il s'est moqué d'eux abondamment, mais il dédaignait de leur mentir. Il n'a jamais paru croire beaucoup à la mission providentielle de l'écrivain, mais ce n'était de sa part qu'un excès d'humilité. Distribuer tantôt un peu de gaieté, tantôt un peu d'émotion, réconcilier dans une heure de plaisir des gens qui se déchireront le lendemain, là se bornait son ambition. Il laissait à d'autres, plus hardis, le rôle ingrat de réformateurs.

Lorsqu'il jugea que sa tâche était accomplie, il se mit volontairement à la retraite et se fit un charme du repos. La célébrité lui était venue, avec tous les avantages qu'elle comporte et les menues rançons dont il la faut payer. Il s'acquitta à ravir des mille petits devoirs qu'impose la renommée. Il monta allègrement les escaliers des ministres pour leur signaler de bonnes actions à accomplir. Depuis plusieurs années, il ne voulait plus entendre parler de reprendre la plume. Ses amis le pressaient d'écrire ses *Sou-*

venirs. Il répondait à toutes leurs instances d'un air détaché et paresseux. Quel livre délicieux nous avons perdu là ! Les confessions d'Halévy eussent été, en même temps qu'un chef-d'œuvre de grâce, un trésor inépuisable de bons conseils. Il avait su si délicatement déguster la vie ! Mais il ne s'occupait plus que prendre des sûretés contre elle. Nous l'avons dit, il se méfiait d'elle, tout en reconnaissant qu'elle l'avait comblé. Il voulait jouir des siens, de leur tendresse, du foyer paisible qu'il s'était construit, de l'intelligence audacieuse de ses deux fils, du talent des jeunes gens, de la joie d'admirer. Jamais il ne s'intéressa aussi passionnément aux lettres qu'à partir du jour où il cessa d'écrire. A l'Académie, sa seconde famille, il sollicitait les occasions de servir les renommées commençantes ; il se laissait accabler de rapports. « Ils ont tous du talent ! » cette exclamation revenait dans sa critique comme un refrain. Les soirs de première représentation, si le succès faisait mine de se dérober, il s'en affligeait ; il guettait le moment de donner le signal des applaudissements. Cette bienveillance ne venait pas d'un parti pris de banalité. Ce n'était aucunement une attitude, mais le résultat d'une vie de travail, la volonté arrêtée d'être juste, le respect sincère de l'effort. Bien des choses ont étonné, dérouté, choqué Halévy dans les mœurs nouvelles. Il appartenait à une époque moins inquiète et moins agitée que la nôtre. Mais, jusqu'à la dernière minute, il voulut comprendre son temps et l'accepter tel qu'il était. Aussi nous a-t-il quittés sans que personne de nous l'ait vu vieillir.

Lorsqu'on réfléchit à cette carrière si droite, à cette œuvre où pas un mot de haine n'a été prononcé, lorsqu'on fait le compte de toutes les heures charmantes que cet esprit a prodiguées on se dit qu'il y a eu là un rare exemplaire de parfaite élégance intellectuelle. On jette un coup d'œil attendri sur le rayon de la bibliothèque où sont rangés les volumes signés de son nom. On sent qu'il en est plus d'un parmi eux dont on ne se fatiguera jamais, auquel on viendra recourir dans les moments de lassitude et de mauvaise humeur. Nos fils aimeront-ils autant que nous cette sagesse légère ? Il leur faudra, craignons-nous, des vérités plus appuyées. Halévy est mort persuadé que les dernières générations étaient infiniment plus intelligentes que la sienne. A l'âge où l'on se sent étranger et hostile aux nouveautés, il se défendait de se raidir contre elles. « Ils sont plus forts que nous ! » répétait-il, en parlant de ses jeunes confrères. Il se trompait rarement, ayant une longue habitude de la clairvoyance : nous devons penser avec lui que l'avenir aura ses vertus. Tout au plus changeront-elles d'apparence. Ce que cet homme, si digne d'être aimé, aura représenté, pendant un demi-siècle, dans la société contemporaine, c'est la faculté, qui semble se perdre, d'être constamment agréable aux autres. Un homme agréable, déterminé à l'être toujours, restant tel jusqu'à la dernière heure, qui sait si ce ne sera pas bientôt presque un personnage fabuleux ? Dans sa conduite et dans son œuvre, Ludovic Halévy aura été cet homme-là en toute perfection.

TABLE DES NOMS CITÉS

TABLE DES MATIÈRES

CORBEIL. — IMPRIMERIE CRÉTÉ.

www.ingramcontent.com/pod-product-compliance
Lightning Source LLC
Chambersburg PA
CBHW071631220526
45469CB00002B/566